轻松做教师

教师心理疏导实用手册

傅宏　主编

江苏凤凰教育出版社

序言

PREFACE

正在准备为这本关于教师心理健康的书写序的时候，恰好看到了发布中国第一部《精神卫生法(草案)》的征求意见稿。作为中国历史上第一部精神卫生法案，经历了几许周折，终于能够出台，不能不说这是一件值得鼓掌庆贺的事情。在今天社会转型的大背景之下，人们对于精神卫生的重视可以说已经达到了史无前例的地步。

不过，针对中国精神卫生问题现状的一些调查数据，似乎也在提醒人们，要倍加关注由于社会高速发展而带来的潜在威胁。中国疾病预防控制中心精神卫生中心于2009年初公布的数据显示，我国各类精神疾病患者人数在1亿人以上。乍一听这个数字，似乎与日常生活中人们对于精神病这个概念的理解出入很大，按照13亿人口计算，我们周围岂不是充满了精神病患者？人们不禁要问：真的有那么多精神病人吗？不过，比较一下世界卫生组织前总干事中岛宏在1996年第10届世界精神病学大会开幕式上的话，也许我们就不会那么吃惊了。中岛宏表示，全世界共有15亿人患有某种程度的精神和行为紊乱病症。如果以世界总人口68亿计，全球精神病患者约占22%，比中国1亿患者的比例(8%)高得多。世界卫生组织专家还断言，从现在到21世纪中叶，没有任何一种灾难能像心理危机那样，给人们带来持续而深刻的痛苦。这也就不难理解，为什么我们国家会在这个时候推出《精神卫生法》了。

虽然《精神卫生法》的颁布向全社会进一步强化了重视精神卫生工作的信息，但是，它本身并不能消除精神疾病。如何应对精神疾患，增进健康，还需要我们为之做更多具体的工作。在这个问题上，我的理解是，就像对付其他疾病一样，与其事后治病，不如及早预防，正所谓“君子以思患而豫防之”。目前大部分影响人们精神健康的问题与生活方式密切相关。一项涵盖中国12%成年人的大型调查显示，成年人群精神障碍中最主要的问题依次为心境障碍（占6.1%）、焦虑障碍（5.6%）和物质滥用障碍（5.9%），而这些大多是由于人们的不良生活方式所致。在社会经济高速发展的当下中国社会中，因为应付工作和社会的过度压力，许多人不同程度地显现出了焦虑和抑郁心情，其中，教师、公务员、企业白领等更是一些比较典型的人群。以中小学教师为例，在当下普遍重视升学的社会形势下，虽然他们的生活待遇得到了普遍提升，但是，这种无形的社会期待而造成的压力确实也给教师带来了很大的精神负担。据一份针对北京1 253名教师心理健康的调查显示：66.16%的教师存在不同程度的心理问题。很多人在缺乏科学常识的情况下，往往会通过诸如酗酒、家庭暴力甚至自杀等消极手段去应对，造成更大的家庭和社会负担。

不过，换一个思路想想，其实这些问题也没有什么可怕的。就像我们的躯体一样，因为这样和那样的原因，也会有偶感风寒、小有不适的时候，只要方法得当，小心呵护，修复甚至抵御疾病完全是有可能的。尤其像教师这个人群，通常都是受过良好教育的知识分子，有很好的理解力，只要给他们提供足够的知识信息，其实，很多小的问题完全可以通过他们自己的力量获得修复甚或达成更大的健康。有时候我们所需要做的事情就是为他们准备一些必要的心理健康知识。记得我在香港大学读书的时候，有一次牙痛得厉害，学校医院的牙医在补好我的牙后，为我提了两个建议：清洗牙齿，并在以后的生活中坚持使用牙线。牙医的示范令我觉得这个建议很有道理，其实牙缝就是藏污纳垢和滋生细菌的温床，我按照医生的提示坚持做到今天，牙痛的老毛病居然再也没有发生过。之后，我经常给我身边的同事们说这件事情，因为我发现，其实保健并不难，难的是怎么去改变我们固有的意识和观念，只要我们能够为身边的人准备一些好的并且是令人信服的科学知识，随着越来越多的人接受并照此去做，很多问题自然就迎刃而解了。

当然，我并不觉得现在呈现给大家的这本小册子已经是一本很完美的科学手册了，甚至可能还存在这样和那样的问题，但是，至少在内容上我是力求按照这个思想——尽量把现代心理科学知识渗透进来，结合现实生活的问题加以讨论。参加编写的作者基本都是专业心理学工作者，其中许多是长期在中小学从事心理健康教育工作的同志，他们深知中小学教师们现在的处境和存在的问题，提出的一些方法也相应更有针对性。为了阅读方便，我们对这本册子做了一个分类，包括心理调节（王晓萍）、师生关系（束晓霞）、家庭关系（李建军）和事业成就（陶琳瑾）四个部分。虽然限于篇幅，各个部分所呈现的问题很难面面俱到，但都是精选了教师中一些最常见的困扰，通过呈现知识、典型案例来展现问题，并以心理学观点为依据展开讨论，帮助教师们更好地理解问题，最后，根据不同需要，为中小学老师们精选了相关的测验或练习。这样一种呈现方式的目的是希望能让那些平时工作繁忙的中小学教师们随时根据自己的需要查阅并能容易地找到一些必要的应对策略。

骐骥一跃，不能十步；驽马十驾，功在不舍。想必读者能明白，虽然增进心理健康的道理和方法就在眼前，但是一部书的功效毕竟有限。要想真正达成心理健康的境界尚需化作行动和假以时日的不懈练习。正所谓“非知之艰，行之惟艰”。尺牍所示，谨以为鉴。

傅宏

2011 年 7 月 16 日于金陵随园

再版前言

PREFACE

这本关于压力管理的教师心理疏导实用手册经过重新修订后终于可以再次和读者们见面了。作为编者，自然还是挺高兴的，说明我们的劳动成果是受欢迎的。确实，当我重新翻阅此书的时候，自觉读起来还是挺喜欢的，不仅可读性高、专业实用性强，而且内容表述清晰明了、深入浅出，没有学术书籍那种艰深晦涩的感受，也没有故弄玄虚的噱头。当然，随着时间推移，做一些必要修改可以与时俱进、与读者期待保持同步，这也是编写此书的初衷。特别是经历了这次漫长的疫情之后，人们日常生活的方方面面都有着不小的变化。除了关心健康本身之外，很多与之相关联的现象也日益受到重视，其中之一就是心理健康。

从需要理论的角度看，这种普遍关心心理健康的现象可以被理解为是我们社会人群素质提升的表现，在关心生活和生存需要的同时，也开始重视更高层次的精神需求了。不过，更深入地想一想，它还折射出了我们现实社会中的某种缺失与渴求。记得不久前看到一篇报道，根据中国一个权威研究团队在《柳叶刀》副刊上发表的文章，截至 2019 年，我们国家的抑郁症患者已经达到了 9500 万的惊人数量。也就是说，大约每 14 个人当中就可能有一个人患有抑郁症。不管这个数字与实际情况是否完全吻合，但也实实在在地提醒我们必须正视一个事实：

随着社会物质生活的日益富裕，人们的精神困扰也在快速显现出来了。正因为如此，国家卫生健康委员会在2020年9月11日发布的《探索抑郁症防治特色服务工作方案》中特别提出，要把四类人群作为重点防治对象，这其中就包括各种高压力职业人群。在升学呼声此起彼伏、学区房价不断上涨的今天，教师这一职业人群面临的压力不容小觑。

作为职业人，虽然我们不能改变工作压力本身，但我们可以通过调节自己的心态来达成更好地适应工作与生活节奏、更好地保持健康积极状态的目的。不过，想要获得和保持积极心态，也并非易事，这通常是需要费点力气的。现实中的很多人可以选择被动适应，采取温水煮青蛙的策略，明知道痛苦，但也还是隐忍着，不到实在受不了的时候，都可以等等再说；不过，我们也可以选择主动出击，通过学习获取一些科学策略，将其坚持不懈地应用于实际工作生活中去，用主动调节的方法改善我们的心理适应状态。对于这个问题，我一直觉得世界卫生组织所倡导的三级预防理念很具有建设性。但凡等到生病了以后再去"求医问药"，都为时已晚。可取的策略还是及早预防，把疾患杜绝于健康大门之外才是最根本的健康之道。这就如同我们在日常生活中选择通过锻炼身体来增进体质的道理一样。不过，话虽如此，实际上，当结束了一天的高压力工作之后，当我们拖着疲惫的身心回到家里时，还能坚持去锻炼自己的身体或精神其实已经成为了又一个难题。特别是在刚开始的时候，想要坚持下去通常是需要一定的陪伴与支持的。在这种情况下，有一部能够伴随你左右、帮助你放松心情的科学枕边书就变得尤为重要，它除了给你提供知识的源泉之外，或许还能够不时唤醒你的内在激情，时刻提醒你去主动打开自己内心的减压阀门。希望这本书能不辜负读者们的期待，为同行们的轻松工作与生活助力。

感谢读者们选择与我们的作品为伴，感谢编辑部的各位同仁和担纲作者们的辛勤付出。愿我们生活中的每一天都充满正能量！

傅宏

2021年春于建邺

目录

CONTENTS

第一部分　心理调节篇

第二部分　师生关系篇

第三部分　家庭关系篇

第四部分　事业成就篇

第一部分

心理调节篇

教师生活减压密码——身体与心灵的和谐

压力在现代生活中广泛存在，它是教师生活中的一个事实。让我们看看一线教师在日常生活中经常面临的一些压力与挫折吧。

- 学生的考试分数和升学率，以及各种评比，如评优、公开课、赛课等，给教师带来的压力特别大，常常令教师焦虑、烦躁、情绪波动大。
- 工作量大，常常需要应付各种检查，加班加点赶材料，还要做一些假而空、与教学无关的事情，特别容易烦躁。
- 身体超负荷运转，常常带病坚持工作，致使身体常年处于亚健康状态，感觉没有放松的时候。
- 工作中职称的晋升，青优、骨干教师、学科带头人、特级教师等个人的专业发展竞争激烈，总是为写论文而写论文。
- 除正常的工作以外，下班后还要家访和完成其他学校延续的工作。此外，孩子的教育、家中老人的照顾等问题，也使教师很少有自己的时间。

在重重压力之下，人通常会有哪些反应呢？教师该如何应对生活中的种种压力呢？相关的心理学理论也许对我们会有帮助。

理论对话

生活中的种种压力，给广大一线教师带来了各种身心健康问题。既然压力无法回避，我们就必须直面压力，学会与压力和谐共处。

关于压力，心理学上有三种解释：

1. 指现实生活中客观存在的、具有威胁性的压力事件，如对教师的各种考评、学生分数的排名、所教班级的升学率及排名、职称的评聘等。

2. 指某种具有威胁性的压力事件所引起的反应，如教师在经历各种压力时产生的各种不同的反应，像胸闷气短、情绪失控、容易发火等。

3. 指压力事件与个体反应的交互关系，如不同的教师对生活中的各种压力认识不同、态度不同，各种身心反应也会各不相同。

我们通常意义上所说的压力，往往指上述的第三种情况。因为在日常生活中尽管存在各种压力事件，但如果我们没有感觉到它的威胁性，或觉得自己有足够的能力和经验去克服这些困难，那么，这些事件就不会对我们造成压力。只有当事人既认识到生活中存在着威胁性的事件，同时又感觉自己没有能力应对时，才会产生一种压力感。

上述这些具有威胁性的事件如果持续存在，就会在心理上给我们带来很大的压力，并演变为个人的生活压力。

现实生活中压力可以分为两类：一类是短期的或突发的，其反应模式是应激，或称“应急”——应对紧急出现的情境；另一类是长期的，也就是我们平日所说的生活压力。

当危险的情境或事件突然发生时，人会立即进入一种应激状态——我们的身体会本能地释放出肾上腺素，还有其它由于紧张而产生的化学物质，来应对这些压力事件。这就有点像发生交通事故或火灾时，紧急出动一路呼啸而来的警车或救火车。

那么，人处于长期的生活压力下，又会出现什么样的状况呢？

一方面，长期的生活压力会引发持久的紧张和焦虑，另一方面，持久的压力会使人一直处于“报警”的应激状态之中，这样的状况使得我们的身体一直在释放因紧张焦虑而产生的多种化学物质，这些物质会储存在我们的身体里。

就这样，应激反应变成了一种常态，我们的生活常常就像打仗一样。久而久之，压力就会引发强烈、持久的危害。

持久的应激状态，会带来各种身体疾病。长期的心跳加快，会演变成心脏和心血管系统疾病；长期的恐惧情绪，会影响个体的消化系统功能，并产生溃疡；长期的急促呼吸，会带来呼吸系统的问题；持久的肌肉紧张，会导致颈椎酸痛、腰酸背痛、肌肉劳损……

身体上的种种不良反应，又会导致人们更加焦虑，而焦虑的情绪又让身体的情况进一步恶化。如此，恶性循环就开始了。

如果一开始我们就能对引起压力的刺激情境有所预测或控制，那么，我们身心所遭受的伤害将会减轻很多。

案例展示

老师是人，不是神！

李想现年36岁，是某实验小学的语文老师，常年担任毕业班的班主任。

李老师带过的班级，在历次的升学考试中，创造了一个又一个辉煌的奇迹。就这样，李老师成了学校的"王牌"。

今年学校没让李老师带毕业班，而是交给她一个特殊的任务：担任学校实验班的班主任，从一年级一直送到毕业。于是，凡是有"能耐"的家长，都想尽办法把自己的孩子送进李老师所带的班级。

学校、家长对李老师寄予的期望越来越高，李老师的工作热情也越来越高。与此同时，李老师的身体也在频繁地发出各种警报：慢性咽炎，颈椎出现问题，经常性的疲劳，胃病不时发作……

对此，李老师并没有当回事，教育、教学工作毫不懈怠，每日给自己定下的目标一定要保质保量地完成，用她自己的话，就是"今日事，今日毕"。她这样要求自己，也这样要求她的学生。

可是，这次的努力并没有达到李老师本人、家长和学校期待的那个效果，这个实验班在整个年级的排名始终达不到往日的"辉煌"。

李老师的压力越来越大，工作也越来越努力，身体发出的各种警报也越来越多……最后，在这个班毕业的那个暑假，李老师也住进了医院。

几年后，由于身体的缘故，学校安排李老师进了图书馆的资料室，不再承担教学和班主任工作。

问题解析

广大一线教师常常生活在重重压力之下：工作繁杂，学校、家长寄予厚望，人际关系复杂，各种评比繁多，生活中的各种变故时常发生……

这些压力常令教师在生活中缺乏活力，感觉被压得喘不过气来，出现经常性的疲劳，丧失幽默感。这也许就是我们常说的“耗竭”吧。

我们的身心其实是彼此相连的。我们的身体可以将压力、疼痛、挫折和情绪等储存起来，而且可以在有限的时间内持续存储，直到极限。之后，我们就开始不断接到各种身体警报信号。

如果我们忽视这些警报信号，如果我们对自己的持续压迫超过了合理的限度，如果我们长时间不放慢生活节奏去倾听这些警报信号，我们会发现自己突然患上了背痛、颈痛、营养不良、肠胃消化疾病、慢性疲劳综合征、心脏病等。

所以，当我们有下列表现时，需要对自身的身体反应有所觉察：(1)略微有些压力；(2)疲劳，经常情绪低落；(3)到了精疲力竭的边缘；(4)接近崩溃。

“高压锅”式的生活，正使得我们的压力应对能力日趋退化。最新的一项研究表明，现代生活方式使我们对压力变得更为敏感。我们对压力的反应就如同患上了过敏症，过去经历的种种压力事件，会加剧我们对一件压力较小事件的反应。

这意味着什么？

意味着我们必须在自己的压力水平达到临界值之前就要提高警惕。

意味着我们不应该让压力成为自己的一种生活方式。

意味着当我们的身体亮起红灯——生病时，必须正视身体给自己发出的红色警报。

意味着我们应该学会与疾病和谐共处：疾病其实不是我们的敌人，它是在以它特有的方式告诉我们，你给自己的压力太大了，你必须改变自己的生活和思维方式，你应该学会善待自己。

其实，生活并不是现实本身，它只不过是我们对发生在自己身上和身边事情的感知——人们对于生活的感悟。对于生活和压力，我们有选择的权利：如何采取行动，如何做出反应，以及在面对压力时如何去思考、去行动。

这正是我们人类特有的优势——选择的权利。

心理测试

在现实生活中，由生活事件形成的生活压力往往不止一个。下面的这个心理测试，对我们常见的一些生活事件给出了不同的分值，分值越高，说明该事件给人们带来的压力越大。

生活改变和压力感测试[①]

过去的一年里，你在自己的生活中经历了以下哪些事件？请根据自己的实际情况，在相应的序号上做上记号。

生活改变事项	压力感	生活改变事项	压力感
1. 配偶亡故	100	23. 子女成年离家	29
2. 离婚	73	24. 打官司	29
3. 夫妻分居	65	25. 个人取得杰出成就	28
4. 火灾	63	26. 配偶新就业或刚离职	26
5. 亲密的家人去世	63	27. 初入学或毕业	26
6. 个人受伤或生病	53	28. 生活水平改变	25
7. 新婚	50	29. 个人改变习惯	24
8. 失业	45	30. 和上司处不好	23

① 张春兴：《现代心理学》，上海人民出版社，2005 年版，第 404 页。文字表述有所改动。

续 表

生活改变事项	压力感	生活改变事项	压力感
9. 复婚(或分居夫妻恢复同居)	45	31. 工作时间或条件改变	20
10. 退休	45	32. 搬家	20
11. 家里有人生病	44	33. 转学	20
12. 怀孕	40	34. 改变休闲方式	19
13. 性关系适应困难	39	35. 教堂活动改变	19
14. 孩子出生	39	36. 社交活动改变	18
15. 工作变动	39	37. 借债少于5万元	17
16. 经济状况改变	38	38. 睡眠习惯改变	16
17. 亲友亡故	37	39. 家庭成员团聚	15
18. 改变行业	36	40. 改变饮食习惯	15
19. 夫妻吵架加剧	35	41. 假期	13
20. 借债超过5万元	31	42. 圣诞节	12
21. 欠债未还,抵押被没收	30	43. 轻微犯法	11
22. 改变工作岗位	29		

计分方法：

请将你选择的“生活改变事项”的“压力感”分数相加。

结果的解释：

在一年内,如果你经历的生活改变事项的压力感总分超过了300,说明你在生活中经受的各种压力比较大,你需要特别注意减压,以免发生明显的健康问题。如果在150分之下,说明你的生活比较平顺。

温馨建议

很多时候,老师活得很累,是因为自己给自己设定了太多的限制。生活中,我们不妨作出一些新的尝试,生活也许就会轻快起来。

1. 我们需要学会识别那些暗示我们必须“暂停”的警报信号，不让压力演变成自己的一种生活方式。“我们可以欺骗我们的大脑，却无法欺骗自己的身体。”

2. 不要事事操心。我们肩负的责任超越了我们本该承受的范围，这一切在威胁着我们的身心健康。请放下包袱，放慢自己的生活脚步……

3. 不要更拼命，而要更有效。生活的快速运转有时确实能创造出很多业绩，可是，如果我们能不时放慢生活的运转速度，适时将大脑转入低档运转，就能给我们带来米兰·昆德拉所说的“缓慢的智慧”：身体更健康，注意力更集中，内心更宁静。这样的状态会使我们的工作、学习效率更高。

4. 允许本该做完的事推迟完成。很多时候，我们已经被拉伸到极限，但还在竭力去做所有“必须”做的事，这时候我们的免疫系统就容易出问题。有时，在你继续完成“应该完成的事情”之前，需要补充燃料：停下来、休息、放松……

5. 留出时间给亲朋好友。他们对你的健康和生活品质非常重要。一般来说，那些与朋友、家人、爱人或者生活隔绝的人，常常会感到沮丧、悲伤或压力重重。相反，即使你身边只有一两个朋友，你生病的几率也比那些与家人、朋友疏远的人要低得多。

6. 给自己留有一定的空间，定期让自己“无所事事”。无所事事、沉思默想会使人精力充沛，更能享受生活的每一刻。如果你时常留出时间坐下来“无所事事”，你就不会太紧张，整个身心都能得到调整，你会更平和淡定。

7. 不要总是心存愧疚。把内疚抛到脑后——这其实是在提醒自己：你正在采取一种健康的生活态度，这是在积极充电，这会避免把自己耗竭而无法再充电。

8. 换个角度看问题。“压力都是人给的”，某种程度上确实可以这么说。很多时候，只要换个角度去考虑问题，你就会发现，你的生活还在继续，而且你会感觉轻松了很多。

（王晓萍）

在"夹缝"中求生存——冲突化解 ABC

● 做了多年的教师，却发现自己越来越不会教学生了：说轻了吧，不起作用，家长认为你不够严格，不负责任；说重点儿吧，学生要么拿起"法律武器"反驳你，要么直接到校长、教育局或者媒体去投诉你，甚至还有的以离家出走、寻死觅活来威胁你。

● 作为班主任，既要关注学生的学习成绩，又要培养学生的思想品德，还要抓常规管理，处理突发事件，协调师生、生生之间的关系。学生一旦在学校、社会出了问题：成绩下滑、意外事故、打架斗殴、盗窃抢劫……所有指责的眼光都投向学校，所有问题的症结都归咎于做班主任的你。

以上的感觉你有过吗？作为教师，谁不希望自己辛勤的付出能够得到社会、学校、家长、学生以及家人的理解与支持，可以换来桃李满天下。可是理想与现实的冲突，让自己似乎处在夹缝中喘不过气来。于是，困惑、紧张、焦虑、抑郁扑面而来。

理论对话

冲突，是我们每一个人在成长过程中都会遇到的心理体验。心理学上给它的定义是：两种或两种以上不同方向的动机、欲望、目标和反应同时出现，由于莫衷一是而引起的紧张情绪。

心理冲突通常分为四种类型：

1. 双趋冲突——鱼与熊掌不可兼得

两件事物都有吸引力,都想趋之,但二者不可兼得,难以抉择。如,既想多花一些时间为学生辅导功课,又想陪伴、照顾好自己的孩子和家人。

2. 双避冲突——左右两难

两件事都有排斥力,都力求避免,但必须择取其一,难以决定。如,管理学生太严了,学生不但不能接受,还可能会逆反,管理得不严又不能出成绩。

3. 趋避冲突——进退两难

两件事物有利有弊,如,当班主任可以获得教师最大的满足感和成就感,但责任大,工作也最辛苦。

4. 双重趋避冲突——顾此失彼,难以选择

两个目标或情境对个体同时有利也有弊,面对这种情况,当事人往往陷入左右为难的痛苦取舍中。如,在职进修可以提高自己的专业水平、工作能力等,但是会增加自己的业余负担,会很辛苦;不去进修可以让自己专心于目前的工作,但会影响将来的职业发展。

人的生活是多层面的,有家庭的层面,有事业的层面,也有社会的层面。在不同层面中遇到的问题,都需要个人选择判断。在选择判断时,有的人重在感情,有的重在理性,更有的因患得患失而不得不考虑利害关系。如此看来,日常生活中心理冲突的困扰是在所难免的。

案例展示

现年32岁的吕老师是一所重点中学的数学老师,担任某班的班主任。

在一次向全市开设的示范课结束以后,吕老师近乎崩溃,回到办公室嚎啕大哭,无论同事们怎么劝慰,她都无法从消沉的情绪中走出来,后在家人的陪伴下来到心理咨询中心。

吕老师自小聪明伶俐,品学兼优,且运动、唱歌、书法、绘画样样都很出色。她一直是同学心目中的宠儿,自己也觉得过得很顺、很开心。

工作以后，尽管身份由学生变为了教师，但吕老师仍像读书时那样活跃，学校有什么活动她都积极参加，工作更是认真负责。她期待，并且相信自己能成为一名优秀的教师。

然而，年轻气盛的吕老师说话总是比较直，情绪也易波动，有时会因为班级表现不好而在办公室里大发脾气，或者去跟同事、领导据理力争。因此有一些教师觉得她锋芒太露、自以为是，有意无意地疏远她。

对此，吕老师感到很失落，并开始收敛自己的脾性，讲话、做事都开始谨小慎微起来，期望以此能改变自己在他人心目中的形象。但是，这种戴着面具的生活，让率性行事惯了的吕老师觉得很累、很别扭。

无论吕老师怎么小心翼翼，总有一个时刻她必须面临他人的评价，那就是公开课。

作为年轻教师，吕老师经常被要求参加各种业务竞赛、开公开课。她既期望自己取得好成绩、开好课，又担心自己锋芒太露，遭到别人的非议。所以每次从要开课的那一刻起，她就非常焦虑，几乎夜夜失眠。

作为班主任，她自认为对学生是全心全意、尽心尽责的，所带班级各方面在年级里都是佼佼者。可是，有的家长并不配合自己的工作，还百般护着犯了错误的孩子，甚至指责她这个班主任做得不好，这令她既伤心又愤怒。

尽管在学校里很压抑，也很辛苦，但吕老师从不愿向他人倾诉，回到家后就再也难以克制住自己的情绪了，经常对儿子和丈夫发脾气。由于忙于工作，吕老师陪儿子的时间很少，甚至没给儿子讲过一个完整的故事，儿子和她不亲，也很怕她。为此丈夫说她“肥了别人家的田，荒了自己家的地”，这成了她的一个心病。

问题解析

由于教师这个职业在工作性质、工作对象、工作形式和工作责任等方面的特殊性，一直被认为是压力最大的职业之一，更是遭遇心理冲突最频繁、最强烈的职业之一。

第一，负担过重，过分疲劳。教师的工作是艰苦的脑力劳动和体力劳动的结合，教师除了上课，还要批改作业，出各种练习题或考试题。如果是班主任，就还得处理班务、进行个别教育、组织各种活动以及家访等。除了完成教育教学任务，教师每年还要撰写教科研论文、搞课题研究、开公开课、参加业务进修，很多老师在工作中疲于奔命，这常引发心理冲突。

第二，现实与理想之间的反差巨大。很多教师刚刚参加工作时，对未来充满了憧憬。但几年之后，客观现实中许多的"应该"与"是"常让他们感到迷惘，领导的要求、家长的愿望、社会的议论常压得教师喘不过气来。

第三，家庭与事业之间的冲突。教师工作性质的"无边界性"，导致了教师工作无论在时间还是在空间上，都具有连续扩张的性质。这种"无边界性"带来了教师的职域与责任的无限制扩大，从而使教师的日常生活变得繁杂。特别是面临学生升学考试的巨大压力时，从正常上课到早晚自习、节假日补课、家访谈心等，都需要教师全身心地投入，工作负荷很大，往往会严重影响到他们正常的家庭生活，引发心理冲突。

第四，自我认知出现偏差。教师的自我认知偏差主要表现为两种类型：一是自我扩张型，其特点是自我评价偏高，形成虚假的理想自我，常表现为过于看高自己而导致自负、盲目自尊；二是自我否定型，其特点是对自我的认识和评价过低，常表现为不思进取，由自卑导致自轻自贱，最终走向自我否定。这两种自我认知偏差都会和真实的自我不符而引发心理冲突。

遭遇冲突是痛苦的，但是如果我们能正视冲突，并寻求解决冲突的方法，就能获得更多的内心自由和更大的力量。只有当我们愿意承受打击时，我们才能有希望成为自己真正的主人。

心理测试

人们对一类事物的共同看法，称为观念或信念。观念不同，人们的心理和行为反应也会不同。下面的这个测试，有助于你了解自己对各类事物的信念。请对下列各题作出“是”或“否”的回答。在这里，答案没有对错之分，请根据自己的真实感受作答。

1. 我们应该得到每一位对自己重要的人的喜爱和赞许。 …………………… 是 否
2. 无论别人怎样看待我们，我们都是有价值的人。 ………………………… 是 否
3. 我们应该非常有能力，在各个方面都有成就，这样我们才有价值。 …… 是 否
4. 我们尽全力去做事情，若失败，只是我们的努力失败，我自身的价值不会因此而受损。 …………………………………………………………………… 是 否
5. 有些人是卑鄙的、丑恶的，他们应该受到严厉的指责和惩罚。 ………… 是 否
6. 一个人做了错事，并不等于说他就是一个坏人。 ………………………… 是 否
7. 如果事情非己所愿，那将是很糟糕和可怕的。 …………………………… 是 否
8. 事情很少像我们所希望的那样发生，若事情有可能改变，我们应尽力争取；若不能，则接受现实。 …………………………………………………………… 是 否
9. 不幸福、不愉快是由外界环境造成的，我们必须控制它们。 …………… 是 否
10. 情绪是由我们对事件的知觉、态度和评价所产生的，是可能改变和控制的。 …………………………………………………………………… 是 否
11. 逃避困难、挑战和责任要比面对它们更容易些。 ……………………… 是 否
12. 承担责任、面对困难与逃避它们相比，是合适的态度。 ……………… 是 否
13. 因为危险的、可怕的事情随时随地都可能产生，所以我们要时刻加以警惕。 …………………………………………………………………… 是 否
14. 我们要设法避免那些可能发生的危险事情，如无法避免，则应设法减轻后果。 …………………………………………………………………… 是 否
15. 我们必须依靠他人，而且应该有一个比自己强的人做依靠。 ………… 是 否
16. 我们应该独立并勇于承担责任，但并不拒绝别人的帮助和关心。 …… 是 否
17. 过去的经历决定和影响着当前的行为，并且这种影响力将永远存在。 …………………………………………………………………… 是 否
18. 过去的经验是重要的，但产生过去经验的条件与现在的情况是不相同的，所以过去经验对现在的影响是有限的。 ……………………………………… 是 否

19. 我们应该为别人遇到的难题、困扰而紧张和烦恼。 …………………… 是 否

20. 我们尽力帮助那些遇到困难的人,若无效,也应接受现实。 …………… 是 否

21. 对碰到的每一个问题,我们应该有一个正确的、完善的解决方法,若找不到这个答案,就会痛苦一生。 ……………………………………………………… 是 否

22. 我们努力寻找解决问题的可行方法,而不苛求那些不存在的绝对完美的方法。 ………………………………………………………………………… 是 否

计分方法:

单数题:答“是”记 0 分,答“否”记 1 分。双数题:答“是”记 1 分,答“否”记 0 分。各题得分相加,统计总分。

结果的解释:

个体的观念或信念,既可以有合理的、理性的一面,也可以有不合理、非理性的一面。合理的信念会引起人们对事物适当的、适度的反应,而不合理的信念则会导致不良心理和行为的反应。不合理的信念往往是造成我们内心冲突的重要原因,你是否具有合理的信念呢?

0~5 分:你的信念基本上不合理。

6~11 分:你的信念合理度较低。

12~17 分:你的信念基本上合理。

18~22 分:你的信念比较合理。

好,现在请你重新回到你的选项上去,看看你的合理和不合理信念主要表现在哪些方面,哪些不合理信念可以作出调整和改变。

温馨建议

面对错综复杂的心理冲突,我们无法回避,怎么办? ABC 理论能帮我们的大忙。

ABC 理论由美国心理学家埃利斯提出。埃利斯认为,刺激事件 A (Activating events)只是引发情绪和行为后果 C(Consequence)的诱因,而引起 C 的真正原因则是个体对刺激事件 A 的认知和评价,以及背后的深层信念 B(Belief system)。当B是不合理的信念时，我们就会产生心理困扰，久而久之可能会引起情绪障碍，而解决之道就是改变不合理的信念。

一般来说，人们所持有的不合理信念基本上具备三个特征：绝对化要求、以偏概全和糟糕至极。

持有“绝对化要求”信念的人往往要求所有的事情都按自己的意志行事。这类信念常与“必须”“应该”等字眼联系在一起，如“我应该是全校最优秀的教师”“我必须要把每一件事情都处理好”“所有的家长都应该支持我”等等。

怀有这样信念的人思维过于绝对化，他们极易陷入情绪困扰之中。

持有绝对化要求的人，应该改变自己的思维习惯，让自己的思维变得有弹性，以合理的方式要求自己及周围的人和事。

“以偏概全”是以一件或几件事的结果来评价所有人的价值。比如，一次公开课没上好，就认为自己能力不足，甚至觉得自己一无是处；遇到一点儿挫折，就认为自己前途渺茫，人生没有希望等。这种以偏概全的不合理思维方式常常导致自责、自卑、自暴自弃及焦虑、抑郁等不良心理和情绪。

“以偏概全”的另一方面是对他人不合理的评价，即别人稍有不是，就一味地求全责备，认为他一无是处，由此导致气愤和敌意。

金无足赤，人无完人，世界上很难找到一个十全十美的完人，每个人都应该学会接受自己和他人有可能犯错误这一事实。

持有“糟糕至极”信念的人往往会把某一事情的可怕后果无限夸大，如“再没有比受到校长批评更可怕的事情了”“今天上课没有回答出学生的提问简直无脸见人”等等。这些想法会导致个人陷入极端不良的情绪体验，如耻辱、罪恶、自责、悲观、焦虑等。其实被批评了还可以再努力做得更好，没能答出学生的提问也是很正常的事。

面对生活中的种种挫折和冲突，我们应该学会努力接受现实，在可能的情况下去改变这种状况，在不可能时则去接受这样的现实，并与之和谐共处。

（宋　梅）

当面临压力与冲突困扰时
——关于应激与焦虑缓解

生活中，有时我们会突然碰到一些压力事件，下面呈现的是学校情境中可能发生的一些事情。

● 教研组长突然宣布，在下周的教研活动中，你要给全市的青年教师开一堂新课改示范课，而你事先没有任何的准备。

● 校长在全校教职工大会上宣布，今年申报职称评聘的老师，必须在一周之内提交所有的材料。你正好打算今年申报中级职称，但还没有着手准备材料。

● 上级行政部门宣布：从今年开始，职称评聘必须在省级以上的刊物上发表 2 篇以上的论文，这是今后评职称的“硬杠子”。今年正好轮到你评职称，但你一篇论文还没发表。

上述这些突然出现的紧张事件，常让我们立即处于压力之中。这些压力会给我们的心理造成无形的负担，而处在压力下的个体，在情绪上往往是不愉快的。

在一般人的概念里，生活中的压力绝不是什么“好东西”，它有害于我们的身心健康，我们不希望生活在压力之中。这样的看法对吗？先不要急着下结论，咱们先来看看心理学上的相关理论吧。

❖ 理论对话

面对生活中种种不确定的、紧急的压力和挫折，适度的应激有利于我们减缓焦虑，提高工作效率。

那么，什么是“应激”？它有哪些功能呢？

其实，“应激”并不是我们人类所特有的一种现象，它在其他动物身上也普遍存在。

当人或动物在遇到突如其来的威胁性压力时，会产生紧张、焦虑的情绪，同时身体也会出现一种“总动员”的生理反应，来应对突然出现的紧急情况，以维护生命的安全，这就是人们常说的应激反应。

一个关于两只青蛙的古老传说，可以帮助我们很好地理解应激的功能。

把一只青蛙放进盛满沸水的锅里——不出所料，青蛙会以极快的速度本能地跳出来。是青蛙的“应激反应”救了自己的性命。

把另一只青蛙放在盛满冷水的锅里，用小火慢慢加温。结果，青蛙没有注意到水温微妙细小的变化，任由自己被慢慢煮，直至最后无力跳出锅而死去。

这个故事听起来并不轻松，它揭示了这样一个道理：突然的变化所带来的压力并不总是坏事，它可能是有益的。

人类的身体生来就具有克服危机与短期压力的功能。比如，当一辆疾驰而过的汽车在公路上向我们冲来时，我们就会本能地释放肾上腺素和其它由于紧张而产生的化学物质，它让我们的头脑、肌肉和关节做好准备，以便可以突然冲向安全地带。

生活中，我们可能随时会碰到突如其来的压力和挫折，这时我们的“应激反应”常会帮我们的大忙。在应激状态下，有机体会出现心跳加快、血压升高、呼吸急促的状况，不过，别担心，这是携带氧气的红血球们赶来提供更多的氧气。与此同时，肝脏会释放出更多的葡萄糖，以增强全身肌肉活动所需的能量，皮肤表层的微细血管收缩以避免受伤时流血过多……

总的看来，应激反应在短时间内所引起的机体变化，对人是有利的。它能为人们应对危机提供更多的资源、更大的能量，能让我们集中注意力解决困难。应激让我们的反应更快、更敏捷，因而最终获胜的可能性也会更高。

一般说来，机体在应激过程中，往往会经历以下三个阶段：

第一个阶段：战斗或是逃跑。在这个阶段，人的机体觉察到潜在的危险，情绪震撼，个体会出现全身“总动员”，产生强大的能量，要么选择战斗，解除威胁，要么选择逃跑，脱离危险。

第二个阶段：抵抗期。一旦做出战斗或逃跑的决定之后，机体进入更持久的紧张状态，此时神经系统会分泌多种激素，来敦促机体迸发出高昂的热情和超常的体能，来应对紧张的危急情境。像急中生智、力拨千钧以及平日常说的“当时也不知道从哪里来的那么一股劲儿……”都是这种状态下的真实写照。但是，如果压力继续持续下去，个体的适应能力就会下降，最终进入第三个阶段。

第三个阶段：衰竭期。至此阶段，个体精疲力竭，适应能力下降甚至丧失。

由此我们可以发现，压力并不见得总是坏事，如果在抵抗阶段不增加其他的压力，或在衰竭之前将压力减低或停止，个体就能承受住压力的“挑战”或“考验”，并有可能增强以后对同类压力的适应能力。

但是，压力有时也会拖垮一个人。个体在适应压力的过程中，如果压力持续过久，或在中途再有其他压力的加入，个体的适应能力将会大大降低，甚至会提前进入衰竭阶段。

问题解析

压力与工作效率

很明显，长期的生活压力会引发一系列的负面情绪，这些情绪会随压力的存在而对人产生持续的不良影响。

而短期性的压力，很多时候能激发我们的潜能，提高工作效率。当然，工作效率和活动的性质与压力的轻重程度有关。在这个方面，美国心理学家耶克斯与多德森的研究，很有启发和借鉴意义。

耶克斯和多德森通过研究发现了一项法则，用以解释心理压力、工作难度以及工作成效之间的关系：因动机而产生的中等程度的心理压力，最有利于工作效率的提高。同时，他们还发现，动机的最佳水平与任务的难易程度直接相关：比较容易的任务，中等以上程度的动机和压力有利于工作效率达到最佳水平；对于难度较大的任务，较低的动机水平会有利于任务的完成。这就是著名的耶克斯与多德森定律(简称倒“U”曲线)，如下图所示。

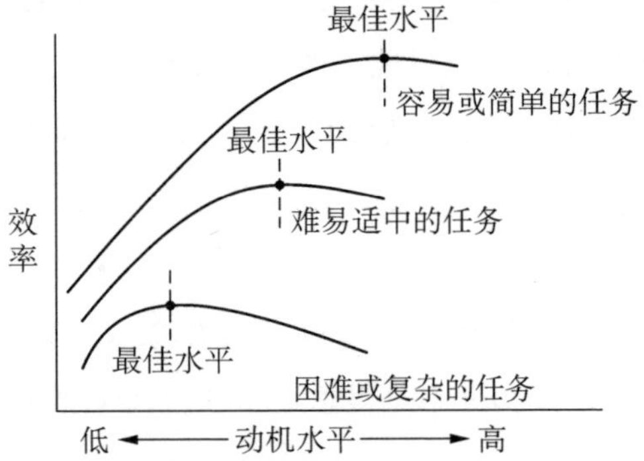

压力与性格

面对同样的压力，A 型性格的人更容易紧张焦虑。压力给 A 型性格的人带来的身心问题往往是最为显著的。

A 型性格与心脏病的关系，起始于美国著名心脏病学家迈耶·弗雷德曼等人的研究发现(1974 年)。弗雷德曼博士在自己的临床观察中发现，A 型性格的人具有四大特征：易恼火、激动、发怒、急躁。美国心脏医学会 1981 年将 A 型性格列为患心脏病的危险因素之一。

下面，咱们就来说说性格类型。

弗雷德曼将一般人的性格分为两大类：A 型和 B 型。

A 型性格。这类性格的人有雄心、善进取，他们好胜心强、个性急躁，对成败看得很重，对工作的要求也非常高。

A 型性格的人往往具有以下三大特点：

(1) 喜欢竞争。对这种性格类型的人来说，取胜高于一切。他们希望在较短的时间内取得较高的成就，对工作十分投入。因此，常常会得到他人的表扬和物质上的回报。

（2）缺乏耐心。任何拖延或中断都会让他们感到不耐烦，他们常会打断别人的谈话，并试图告诉别人更好、更快的做事方法。如果别人说话太慢，他们常会帮别人把话说完。他人的任何迟疑和犹豫常会让他们不耐烦。

（3）以自我为中心。他们在说话时，常会使用大量的"我觉得""我认为"等字眼。

B型性格。这类性格的人，个性随和，对成败得失看得比较淡，生活较为悠闲，对工作的要求也较为宽松。

当今快节奏的生活方式，正鼓励、促成越来越多的人养成A型特征：生活匆忙，处处有机会，事事要竞争，不及时把握住机会，就会落伍跟不上节奏。

另一方面，在急功近利的家庭和学校的教育影响下，很多人自幼就养成了力争上游的个性特点。这是促成A型性格养成的另一个重要因素。

心理测试

测测你的性格

这是帮助你了解自己的测试，请根据自身的情况如实回答。答案并无对错之分，请认真、轻松地作答。

1. 你说话时会刻意加重关键词的语气吗？ ………… 是 否
2. 你吃饭和走路都很急促吗？ ………… 是 否
3. 你认为孩子自幼就应该养成与人竞争的习惯吗？ ………… 是 否
4. 当别人慢条斯理做事的时候，你会感觉不耐烦吗？ ………… 是 否
5. 别人向你解说事情的时候，你会催促他赶快说吗？ ………… 是 否
6. 在路上开车或是在餐馆排队、银行等候的时候，你会被缓慢的过程激怒吗？ ………… 是 否
7. 聆听别人谈话时，你会一直想着自己的事情吗？ ………… 是 否
8. 你会一边吃饭一边写笔记或是看报吗？ ………… 是 否

9. 你会在休假之前,赶着完成所有的工作吗? ………………………………… 是 否

10. 让你停下工作休息一会儿,你会觉得浪费时间吗? ……………………… 是 否

11. 与别人闲谈时,你总是提到自己关心的事儿吗? ………………………… 是 否

12. 你是否觉得,宁肯务实,也不愿从事创新和改革的事儿呢? …………… 是 否

13. 你是否觉得,全心投入工作而无暇欣赏周围的美景,是一种常态? ……………………………………………………………………… 是 否

14. 你是否尝试在有限的时间内做更多的事儿? ……………………………… 是 否

15. 与别人有约时,你是否绝对遵守时间? …………………………………… 是 否

16. 表达意见时,你是否握紧拳头以加强语气? ……………………………… 是 否

17. 你是否有信心再提高你的工作效率? ……………………………………… 是 否

18. 你是否觉得有些事等着你立刻去完成? …………………………………… 是 否

19. 你是否对自己的工作效率一直不满意? …………………………………… 是 否

20. 你是否觉得与人竞争时,非赢不可? ……………………………………… 是 否

21. 你是否经常打断别人的话? ………………………………………………… 是 否

22. 看别人生气时,你是否也会生气? ………………………………………… 是 否

23. 用餐时,你是否一用完就匆忙离席? ……………………………………… 是 否

24. 你是否经常有匆匆忙忙的感觉? …………………………………………… 是 否

25. 你是否对自己近来的表现不满意? ………………………………………… 是 否

计分方法:

凡是选“是”的题项得 1 分,选“否”的题项得 0 分。

结果的解释:

如果你的总分在 13 分以上,那么,你就很有可能是 A 型性格了。

给 A 型性格开方——放慢生活脚步,学会等待

看了本部分内容,A 型性格的老师们也许会有些紧张:我需要做出哪些改变呢? 我是不是就等着自己得心脏病啊?

先别太着急,其实,A 型、B 型性格是可以转换的。下面的这些建议会有助于你改善自己的性格。

1. 放慢你的生活脚步,学会耐心等待

A 型性格的人对于生活中发生的各种稍微推迟的事儿，常显得过于急躁。面对这样的情境，你首先要学会放松，否则这种频繁出现的不耐烦，会让你成为高压锅，你的身体会不停地释放像肾上腺素这类引发人体紧张情绪的化学物质，这些物质会一直戕害你的健康，直到有一天你彻底病倒。

对此，弗雷德曼医生开出了这样的药方：学会接受每天的推迟现象。这听起来并不难，但坚持下去却不是一件容易的事。

2. 坚持体育锻炼

A 型性格的人每天都会比一般人分泌出更多的应激荷尔蒙，从短时间来看，这是一个应对压力的有效措施。但如果长时间处于一个源源不断的危机压力之中，这类累积起来的应激荷尔蒙，就会成为一种毒素。

研究表明，锻炼有利于消耗这些令人紧张的荷尔蒙，并分泌出能够改善心脏和肺的内啡肽。锻炼会有利于你的身心健康。

对于 A 型性格的人来说，锻炼必须注意两点：(1)运动要出汗，这样体内的毒素才能排放出来，否则就没有效果；(2)锻炼要循序渐进，一开始不要参加太剧烈的运动。这一点对 A 型性格的人来说，可能是一个挑战。

3. 静坐

静坐也是改变性格的一个好办法。

A 型性格的人有一个显著的特点，总觉得有太多的事要做，一直闲不下来。

从现在开始，选择一个安静的地方，窗前或阳台，每天坚持静坐一会儿，仅仅是纯然地坐在那儿，什么也不要去想：不考虑工作的问题，不想生活中的琐事，不接听电话……慢慢你就能静下心来了。

好，现在请你重新回到选“是”的那些题项上去，看看自己在哪些方面可以做出调整，并努力让自己放慢生活的脚步，减缓生活压力带来的紧张情绪。

温馨建议

面对生活中的突发压力，适当的应激可以减缓焦虑，提高工作效率。

简快、有效的减压方法很多，下面给各位老师介绍的仅是其中的一部分。这些方法，可以帮助你在短时间内消除压力、增强活力，阻止压力对身体的侵害。

1. 全神贯注地关注手边的工作，同时要避免自言自语。

2. 每隔一小时，闭上双眼，用手掌捂住它们。这是在应激状态下比较管用的休息方法。

3. 每隔一小时，站起来舒展一下身体的每个关节。记住，不可以偷懒。

4. 在完成紧急的工作任务时，每隔两个小时就必须停下来一次，看看窗外，发发呆，并且什么都不要去想。

5. 当你的内心在通常情况下说“烦死了”的时候，把握住自己，并且改口说：“哦，这很有意思。”这听起来很老套，但确实有效！

6. 确保有一段午休的时间，哪怕只有20分钟，也要让自己放松一下。

7. 每隔一段时间就重新回味一段轻松有趣的经历，或看看快乐时期的照片。

8. 找一段自己特别喜欢的轻松歌曲，每隔几个小时就哼唱给自己听。这听起来有点搞怪，但确实有效。不信，你自己试试！

这些方法虽然简单，却十分有效。试着将它们应用于你的生活之中，并且要一直坚持。

（王晓萍）

当愤怒袭来——调节好你的情绪

静静地回想一下，最近一周你有没有说过类似的话：

- “气死我了，在班上又忍不住发火了！”
- “怎么搞的，这么简单的题目到今天还不会做，我白讲了！ 哼！”
- “某某同学真是不像话，讲了还不听，非要我拉下脸、扯高嗓门，火大的！”
- “自习课都那么吵，现在的学生到底还想不想学啊？”

如果你经常把这些话挂在嘴边，那么你要学做消防员，给自己降降火了。

❖ 理论对话

“发火”是我们老师经常会体验到的一种情绪，心理学称之为愤怒，是人对客观事物不满而产生的一种比较强烈的否定的情绪体验。愤怒的持续时间、表现形式因人而异。有的人愤怒生气的时间很短，几分钟怒气就烟消云散了；有的人发怒持续的时间比较长，可能会有几天都不能释怀。外向型的人发怒时动作猛烈，言语激烈高亢，甚至会有出口伤人、动手打人、乱摔东西等暴力行为；而内向型的人会把愤怒的力量指向自己，一直憋在自己心里，不会发泄到别人身上。虽然情绪没有好坏之分，但长期强烈的情绪会对我们的身体造成伤害。医学已经证明，经常愤怒容易引起高血压、心脏病、胃溃疡、精神衰弱等病症。

人们常说“冲动是魔鬼”，愤怒会让我们的言行偏离正常的轨道。被学生激怒的老师会说一些让人后悔的话，会做一些事后常常后悔的事，愤怒之下的行为往往会让我们付出很大的代价。在师生交往中，老师的愤怒会把小的摩擦放大成大的冲突；愤怒会切断师生间沟通的桥梁，愤怒会拒绝给学生诉说的机会、思考的空间，师生之间无法心平气和地沟通，不仅问题得不到解决，还有可能伤害彼此间的感情，造成双方的误解，久而久之师生之间容易对立，再无心灵对话。

愤怒只是众多情绪的一种，在实际工作中，教师还经常会体验到失落、焦虑、沮丧、懊恼等情绪。这些情绪并不可怕，可怕的是我们没有及时意识到，没有能采用合理的宣泄和调控方式，日积月累就会给工作和生活带来不愉快，给自己的身心健康造成不良影响。

案例展示

爱地巴的故事

在古老的西藏，有一个叫做爱地巴的人，每次他和人起争执而生气的时候，就以最快的速度跑回家去，绕着自己的房子和土地跑三圈，然后坐在田边喘气。爱地巴工作非常勤劳努力，他的房子越来越大，土地也越来越广，但不管房地有多大，只要与人争论生气，他还是会绕着房子和土地跑三圈。

爱地巴为何每次生气都绕着房子和土地跑三圈？所有认识他的人都感到很疑惑，但是不管怎么问他，爱地巴都不愿意说明。

后来爱地巴老了，房地太大了，当他生气时，拄着拐杖艰难地绕着土地跟房子走，等他好不容易走完三圈，太阳都下山了。

有一天，爱地巴独自坐在田边喘气，他的孙子问他："阿公，您年纪大了，您不能再像从前一样，一生气就绕着房地跑啊！您可不可以告诉我这个秘密，为什么您一生气就要绕着房地跑三圈呢？"

爱地巴禁不起孙子恳求，终于说出隐藏在心中多年的秘密，他说："年轻时，我一和人吵架、争论、生气，就绕着房地跑三圈，边跑边想，我的房子这么小、土地这么小，我哪有时间、哪有资格去跟人家生气？一想到这里，气就消了，于是就把所有时间用来努力工作。"

"阿公，你现在年纪大了，又变成最富有的人，为什么还要绕着房地跑？"

爱地巴笑着说:“我现在还是会生气,生气时绕着房地走三圈,边走边想,我的房子这么大、土地这么多,我又何必跟人计较?一想到这里,气就消了。”

孙子听了,笑一笑说:“原来是这样啊!”爱地巴也跟着笑了。然后祖孙两人就这样伴着夕阳,慢慢地走回家。

问题解析

哦!原来愤怒是可以这样化解的,如此简单!如此有效!

面对师生交流中的种种不如意,教师会抱怨、愤怒、郁闷,这些负面情绪会体现在教育教学中,会对学生的心理造成直接的或间接的、显性的或隐性的伤害,产生包括孤僻、自闭、自卑、紧张、焦虑、抑郁、攻击等心理问题,甚至还会导致学生出现比较严重的心理障碍和心理疾病,即师源性心理障碍。

实际上有些教师发完火之后就后悔了,很快就意识到自己的失误,但后果已经造成,悔之晚也。因此,学会调节自己的情绪显得尤为重要。

首先,要学会控制自己的情绪,合理宣泄。在和学生打交道的过程中,教师不可避免地会体验到愤怒、焦虑、抑郁、苦闷、紧张等情绪,关键是要学会合理地宣泄和控制。亚里士多德说过:“人人都会生气,但是在什么场合、用什么方式表达生气可就不容易了。”教师不要试图一味去抑制这些情绪,可以通过放松训练、注意力转移、自我暗示、情绪日记等方式对自己的情绪进行管理,适当地宣泄、调节,避免将情绪带入教育教学过程中,影响师生关系。

其次,要自觉培养积极的情绪。我们常说,作为一名教师,身教重于言教。教师的积极情绪情感会感染学生,帮助学生更好地发展。教师要自觉形成积极健康的人生态度,培养积极向上的乐观主义情绪,自觉养成公正、无私、宽容、接纳等情感特质,让自己在愤怒等情绪面前应对自如。

心理测试

情绪类型问卷①

我们在多大程度上受理智的控制，又在多大程度上受“本能”情绪的控制？在这方面，人与人之间很不相同，这一是因为气质（主要是遗传的），二是因为心理学家称之为“觉醒水平”的现象，三是因为素养，四是因为经历。你必须认清自己情绪的力量并发挥理性的控制，才能达到情绪均衡，确保你的情绪与环境变化相匹配。本测试将帮助你在这方面确定自己的位置。

请在下列30个问题所提供的备选答案中选择一个你认为最符合自己的答案。请如实并尽快作答。

1. 如果要你选择，你更愿意：

A．和许多人一道工作，亲密接触。

B．和一些人一起工作。

C．独自工作。

2. 当你为了解闷而读书时，你喜欢：

A．选择真实的书：史书、秘闻、传记及纪实文学。

B．纪实加虚构的读物，如历史小说或带有社会背景细节的小说。

C．最喜欢幻想读物，如浪漫的或荒诞小说。

3. 你对恐怖影片的反应如何？

A．不能忍受。　B．害怕。　C．很喜欢。

4. 哪种情况最符合你？

A．对他人的事很少关心。

B．对熟人的生活关心。

C．对别人的生活细节很有兴趣，而且爱听有趣的新闻。

5. 在你去外地时，你会：

① 陈雪枫、莫雷：《心理自测》，暨南大学出版社，第45～51页。

A. 为亲戚们的平安感到高兴。

B. 陶醉于自然风光。

C. 希望去更多的地方。

6. 你看电影时哭或觉得要哭吗?

A. 经常。　　B. 有时。　　C. 从不。

7. 你遇见朋友时,通常是:

A. 点头问好。

B. 微笑,握手和问候。

C. 拥抱他们。

8. 如果在车上有个烦人的陌生人要你听他讲自己的经历,你会怎样?

A. 显出你颇有同感。

B. 真的很感兴趣。

C. 打断他,看你自己的书。

9. 你是否想过给报纸的问题专栏投稿?

A. 绝对不想。　　B. 有可能想。　　C. 想过。

10. 在一次工作会见中,你被问及私人问题,你会怎样?

A. 感到不快和气愤,拒绝回答。

B. 平静地说出你认为适当的话。

C. 虽然不快,但还是回答。

11. 你在咖啡店里要了杯咖啡,这时你发现邻座有一位姑娘在哭泣,你会怎样?

A. 想说些安慰的话,但却羞于启口。

B. 问她一下,你能帮助她吗。

C. 移开你的座位。

12. 你在一对夫妇家参加了聚餐之后,那一对和你很好的夫妻激烈地吵了起来,你会怎样?

A. 觉得不快但却无能为力。

B. 赶快离开。

C. 尽力为他们排解。

13. 你送朋友礼物：

A．仅仅在圣诞节和生日。

B．全凭感情，只要你感到对他们特别亲切就送。

C．在你觉得愧疚时或忽视了他们时。

14. 某个你刚认识的人对你说了些恭维话，你会怎样？

A．感到窘迫。

B．谨慎地观察他。

C．非常喜欢听，并开始喜欢他。

15. 如果你因为在家里不顺心而带着不快的情绪去上班，你会：

A．继续不快，并显露出来。

B．工作起来，把烦恼丢在一边。

C．尽力想理智些，可是却压不住地发脾气。

16. 你生活里的一个重要关系破裂了，你会：

A．感到伤心，但尽可能正常地继续你的生活。

B．至少在短时间内感到痛心。

C．耸耸肩摆脱忧伤之情。

17. 你家里闯进一只迷路的小猫，你会：

A．收养并照顾它。

B．扔出去。

C．想给它找个主人，找不到时，便把它无痛苦地弄死。

18. 你是：

A．无情地将信或旧纪念品丢掉，甚至在你刚收到它们时。

B．将它们保存多年。

C．每两年清理一次这些东西。

19. 你是否因内疚或后悔而痛苦？

A．是的，甚至为了很久以前的事。

B．偶尔是这样。

C．不，我从来不后悔。

20. 当你必须同一个显然很羞怯或紧张的人谈话时，你会：

A．感到不安，多少也受到他的影响。

B．觉得有意思，并且逗他讲话。

C．稍微有点生气。

21. 你喜欢孩子们：

A．在他们小的时候，而且有点可怜巴巴！

B．在他们长大了的时候。

C．在他们能与你谈话，并且形成了自己的个性时。

22. 你的偶配抱怨你花在工作上的时间太多了，你会怎样？

A．解释说这是为了你们两人的共同利益，然后仍像以前那样去做。

B．试图把时间更多地花在家庭上。

C．对两方面的要求感到矛盾，试图使两方都令人满意。

23. 在一次特别好的剧场演出看完之后，你会：

A．用力鼓掌。

B．勉强地鼓掌。

C．加入鼓掌，可是觉得很不自在。

24. 当你拿到一份母校出的刊物时，你会：

A．在扔掉之前通读一遍。

B．仔细阅读，并保存起来。

C．还没有看就丢进了垃圾桶。

25. 你在马路对面看到一个熟人，你会：

A．走开。

B．穿过马路向他问好。

C．招手，如果没反应，便走开。

26. 你听人说一位朋友误解了你的行为，并且在生你的气，你会怎样？

A．尽快和他联系，作出解释。

B．让他自己清醒过来。

C．等待一个比较自然的时机与他联系，但对误解的事不说什么。

27. 你怎样处置不喜欢的礼物？

A．马上扔掉。

B．热情地保存起来。

C．把它们藏起来，仅仅是赠送者来的时候才摆出来。

28. 你对示威游行、爱国主义活动、宗教仪式的态度如何？

A．冷淡。　　B．感动得流泪。　　C．使你窘迫。

29. 你有没有毫无理由地觉得害怕？

A．经常。　　B．偶尔。　　C．从不。

30. 下列哪种情况最与你相符？

A．我十分留心自己的感情。

B．我总是凭感情办事。

C．感情没什么要紧，结局才是重要的。

计分方法：

题号	A	B	C	题号	A	B	C	题号	A	B	C
1	3	2	1	11	2	3	1	21	3	1	2
2	1	2	3	12	2	1	3	22	1	3	2
3	1	3	2	13	1	3	2	23	3	1	2
4	1	2	3	14	2	1	3	24	2	3	1
5	1	3	2	15	3	1	2	25	1	3	2
6	3	2	1	16	2	3	1	26	3	1	2
7	1	2	3	17	3	1	2	27	1	3	2
8	2	3	1	18	1	3	2	28	1	3	2
9	1	2	3	19	3	2	1	29	3	2	1
10	3	1	2	20	2	3	1	30	2	3	1

结果的解释：

30～50分：理智型。特点是冷静而有克制力，情绪非常稳定，善于用理智支配一切，感情适度。

51～69分：平衡型。特点是情绪水平一般，有时会感情用事，有时也会克制自己，一般情况下能够得体地处理各种事件。

70～90分：情绪型。特点是感情用事，热情而有朝气，善解人意，好强，为人随和，喜自省，行为易受情绪左右。

温馨建议

1. 认识到长期强烈的、不稳定的情绪对身体的伤害。我国古代医学典籍《黄帝内经》中说道："怒伤肝，喜伤心，思伤脾，忧伤肺，恐伤肾。"

2. "三十六计，走为上。"愤怒的时候可以选择离开，到一个安静的地方冷静一下，再来解决问题。

3. 用冷水洗把脸会降低你皮肤的温度，消除你的怒气。

4. 把愤怒的能量转移到运动项目上，既宣泄了不良情绪又锻炼了身体。

5. 数数法。建议你在生气时先从1数到10，然后再做决定。

6. 愤怒时，嘴巴里嚼点口香糖等其它小零食，有助于缓解面部肌肉的紧张，缓和愤怒。好心情是可以吃出来的。心情低落时多吃香蕉或葡萄是大有好处的。

7. 用艺术来感染自己，可以听听音乐、看看幽默剧、欣赏美丽的风景等等。

（聂　璐）

不把工作中的情绪带回家——停止情绪消耗，及时清空旧有的情绪账户

你常把学校没干完的工作带回家吗？你会把工作中的不满、发怒这些负面情绪带回家吗？在你思考这两个问题的同时，我们来看看生活中几个常见的片段吧。

● 半途接班，为了不负领导的期望，你把全部的精力都放在了工作上：备课、上课、改作业、找学生谈话、与学生一起运动……在学校里，你激情四射、和蔼可亲。可是回到家里，你像变了一个人似的，一句话也不想说，什么事也不想做，家人一句关心的问候也会成为你大发脾气的导火索。

● 面对学生一而再、再而三的犯错，你心中虽有不满，但仍然耐心地说服教育。可是回到家里，明知自己的孩子犯的只是一个小错误，你却暴跳如雷，劈头盖脸地一顿指责。

● 在学校里，领导在同事面前批评你带的班学生成绩下降，你颔首称是。但一回到家，听见另一半轻声问你为什么晚归，你却气得火冒三丈。

● 这学期你工作非常努力，经常下班后还要辅导学生功课、找学生谈心、家访。本以为努力终有回报，可是期末成绩出来，并没有太大的进步，这让你非常失望。回到家里，家人责怪你心里只有学生而没有他们，你非常恼火，抱怨他们不理解你工作的辛苦，于是战争爆发……

你究竟怎么了？在这个世界上，家人是和你最亲的人，是什么让你肆意打开负面情绪的闸门去伤害自己的家人呢？

理论对话

情绪是人心理活动极其重要的组成部分，它是我们对客观事物是否符合自身需要而产生的一种主观体验。从情绪的动力性特征来看，情绪可分为积极情绪和消极情绪。快乐、热爱、自信等正面情绪会提高人们的活动能力，而恐惧、痛苦、愤怒等负面情绪则会降低人们活动的积极性。

现代社会，生活节奏快，压力大，教师这个职业更是突出。工作中，各种挫折、竞争和压力无可避免，很多人工作了一天，心中累积了许多的委屈及不满，这些未抒发的负面情绪不断地累积，这时只要找到一个宣泄口，就一发而不可收。

工作在一线的教师们，到了下班的时候已经非常疲惫，这时我们非常希望赶快回到家中，让自己放松下来。可是，一回到家中，发现有不顺心之处，家庭气氛立刻就紧张起来了。很多在工作中因挫折、压力累积起来的负面情绪，就好像火山喷发。于是，家庭成为这些情绪宣泄的场所，家人成了我们负面情绪的“垃圾桶”。

人的情绪具有暗示感染力，任何一种情绪都会向四周辐射，影响他人的情绪。所谓的负能量便是如此。如，丈夫情绪低落，下班回到家就拉着脸，妻子见了自然不敢大声说笑，而孩子见父母如此严肃，更是小心翼翼，唯恐做错事，引来“暴风骤雨”，于是全家人的头上都笼罩着乌云。

工作就是工作，生活就是生活。带着负面情绪能量回到家里来，这对家人是不公平的。毕竟家是我们的私人空间，我们要享受与家人在一起的快乐。

如果你爱家、爱爱人、爱孩子，那么在自己下班回家的时候，一定要调整好自己的心情，及时清空旧有的情绪账户，把工作中的不如意、烦恼统统挡在门外面，使劲地挡在门外面，带着微笑回到家里。如果实在丢不掉，那么回到家之后，也应找一个合适的机会，跟家人交流释放一下，不要“把所有问题都自己扛”。

❖ 案例展示

"儿子怎么会变成这样!?"

身为中学教师的张老师最近特别苦恼,因为她 15 岁的儿子豆豆不愿意上学了。张老师好说歹说,用尽了一切方法,但都无法让儿子重返学校。

而豆豆却说自己不上学的原因是:从小到大,自己的什么事情都是妈妈做主,包括穿什么样的衣服,吃什么样的东西,和什么样的同学在一起玩,甚至连回到家里是先写数学作业还是先写语文作业,都得听妈妈的,这让他觉得没有一点儿自由。

最近这一次,妈妈问都没问,就突然将他转到另一所学校,这让他非常生气。再加上刚到一个新的环境,豆豆觉得很陌生,和原来要好的小伙伴也见不到面了,所以才反抗妈妈,不愿意去上学了。

而张老师觉得,自己在学校里工作压力很大,领导的要求、家长的期待,让她不敢有一丝松懈。她自己也是一个非常要强的人,工作很认真,对学生也特别有耐心,经常把学习有困难的学生带到家里义务辅导。

但是,张老师对家人却没有那份耐心,看什么都不顺眼,常常对丈夫和孩子大发脾气,弄得家里的气氛很紧张。她对儿子的要求也特别高,一看到他作业不会写、考试成绩差,就想:我教那么多孩子,人家都会,怎么就你不会?心里就很生气,经常打孩子。

儿子一直觉得:在妈妈的心目中,自己是最糟糕的学生,有个当教师的妈妈很悲催。随着年龄的增长,进入青春期的豆豆开始了反抗,母子俩的冲突更是一步步升级,最终闹到儿子以逃学为要挟。

❖ 问题解析

教师是一个辛苦的职业,也是一份琐碎的工作。教师的职业性质决定了教师的工作时间不会随下班而结束，所以作为教师，最难的是身份角色的转换。

平日在学校的时间长，难免会将自己的职业角色带入家庭，指挥家中的每一个人、每一件事，这一切，常常造成了不必要的家庭矛盾。

有时，我们也会因为工作上的一些事情而心烦意乱，并把这种负面情绪带到家中：烦躁，呵斥孩子，这也不是，那也不顺眼……导致家庭气氛紧张。

所以，在下班回到家里之前，我们要及时清空旧有的情绪账户，把微笑和轻松带给家人。

当然，清空旧有的情绪并不是说要把你的负面情绪强压在心里。现代心理学研究表明，当一个人的不满、愤慨和恼怒等情绪被硬压下去以后，尽管表面上看起来泰然自若，仿佛已经风平浪静，实际上他的内心深处依旧波涛起伏，由负面情绪带来的紧张和不安绝没有摆脱掉，反而会更深刻地侵入心灵，在心灵的某个角落积压下来。

然后有一天，这些没有出口的情绪可能会因为其他事情的引发而集中爆发出来，使人情绪失控。所以该发泄时就要发泄，最好是在自己最尊敬、最信赖的人面前敞开心扉"说出来"。推心置腹的交谈虽然不能改变自己的处境，但却可以起到"净化"心理的作用。在交谈对方的劝说、安慰下，胸中的抑郁、愤怒不满、哀伤得到化解，精神创伤慢慢熨平了，从而真正恢复了心理平衡。

心理测试

情绪测试

这是帮助你自我了解的测试，请认真阅读每道题目，然后选择与自身情况最为吻合的选项。

1. 我有能力克服各种困难。

A. 是的　　B. 不一定　　C. 不是的

2. 猛兽即使是关在铁笼里，我见了也会惴惴不安。

A. 是的　　B. 不一定　　C. 不是的

3. 如果我能到一个新环境，我要________

A．把生活安排得和从前不一样

B．不确定

C．和从前相仿

4. 整个一生中，我一直觉得我能达到所预期的目标。

A．是的　　B．不一定　　C．不是的

5. 在小学时令我敬佩的老师，到现在仍然令我敬佩。

A．是的　　B．不一定　　C．不是的

6. 不知为什么，有些人总是回避我或冷淡我。

A．是的　　B．不一定　　C．不是的

7. 我虽善意待人，却常常得不到好报。

A．是的　　B．不一定　　C．不是的

8. 在大街上，我常常避开我所不愿意打招呼的人。

A．极少如此　　B．偶尔如此　　C．经常如此

9. 当我聚精会神地欣赏音乐时，如果有人在旁高谈阔论，我会________

A．我仍能专心听音乐

B．介于A、C之间

C．不能专心并感到恼怒

10. 我不论到什么地方，都能清楚地辨别方向。

A．是的　　B．不一定　　C．不是的

11. 我热爱我所学的知识。

A．是的　　B．不一定　　C．不是的

12. 生动的梦境常常干扰我的睡眠。

A．经常如此　　B．偶尔如此　　C．从不如此

13. 季节气候的变化一般不影响我的情绪。

A．是的　　B．介于A、C之间　　C．不是的

计分方法：

请按照下面的计分表来计算你自己的得分。

序号	得分			序号	得分		
	A	B	C		A	B	C
1	2	1	0	8	2	1	0
2	0	1	2	9	2	1	0
3	0	1	2	10	2	1	0
4	2	1	0	11	2	1	0
5	2	1	0	12	0	1	2
6	0	1	2	13	2	1	0
7	0	1	2				

结果的解释：

情绪稳定一般被看做是一个人心理成熟的重要标志，如果现在你已经能够积极地调节和控制自己的情绪，那么将有助于你以平稳的心态从容面对人生的挑战。

17～26分：情绪稳定

你的情绪稳定，性格成熟，能面对现实。通常能以沉着的态度应付现实中出现的各种问题，即使情绪被激起，也容易恢复平静。如果生气，也是有节制的。你通常表现出平静、稳重、温和和不紧张，善于自我控制。

13～16分：情绪基本稳定

你的情绪有变化，但不大，能沉着应付现实中出现的一般性问题。然而在大事面前，有时会急躁不安，你有时难免受环境的影响。

0～12分：情绪激动

你的情绪较易激动，对事物会产生过分强烈的情绪反应。情绪一旦被激起，则很难平静下来。常常急躁不安，身心疲乏，甚至失眠。过度的情绪反应，会导致不够理智的行为。你需要注意控制和调节自己的心境，使自己的情绪保持稳定。

温馨建议

1. 合理地调控好工作、学习、生活之间的关系，在制订工作计划和目标时适当留有余地。无论工作多么繁忙，每天也要留出一定的休息喘气的时间，让心理上绷紧的弦有松弛的机会。如果必须把工作带回家的话，也要将它们放在一个固定的位置，不要把它们随处乱放。

2. 借助于心理暗示，学会生活角色的转换。每天下班进家门之前，在心里默默地对自己说：我是一个好妻子；我是一个好妈妈……记住，家人和孩子不是自己的同事，更不是自己的学生，他们没有义务承担我们工作中的不快！

3. 建立情绪能量。列出你用来激发情绪能量或情绪上滋养你的五种事物。它们是内能还是外能加速器呢？

很多人通过选择高脂肪食物、疯狂购物、做按摩来缓解压力或激发能量，这些方案可能在短期内有效，但大多情况下，已往的压力很快就会卷土重来，因为这些方案都是外能加速器。

当压力模式根深蒂固时，需要用不同的方式来改变，最有力的加速器是那些我们希望越多越好的各种感觉：感激、关怀、热情、宽容、爱。这些真实自然的感觉是内能加速器。

4. 停止情绪消耗。你要了解引发愤怒、挫伤、忧虑和失望的事物是哪些，这些感觉是在提示你，如果不采取措施，情绪能量就会流失。

列出消耗你能量的最常见的压力感觉，列出消耗你能量的常见情境，写下你在这些情境中频繁遭遇的压力感；并写下你用来表达这些感觉的情绪的声音效果（内部和外部）；写下你在这些情境中经常对自己说的话（自动化思维），反思不合理思维。

5. 清空旧有的情绪账户。很多压力触发点和反应都是情绪习惯，列出两个或更多你存储的有关他人、工作、社会事件或个人问题的情绪账户。然后，再列出两个或更多的情绪反应习惯，比如，有人批评你时很快就生气，配偶或同事没有按你的意愿做事，你就不停地挑剔抱怨，自问这两个列表是否有联系。

6. 你还可以适当发展琴棋书画、写作旅游等爱好，这些都能有效地调节改善大脑相关中枢的兴奋与抑制过程，进而缓解压力，消除疲劳。

或者适当参加运动，把烦恼与汗水一起排泄出去，在不知不觉中我们疏泻了心中的烦恼与不快。

（宋　梅）

时而自卑，时而自信——轻轻拂过心灵敏感的角落，从自卑走向自信

- 你有过因为要开公开课而紧张、不安甚至失眠的情况吗？
- 你有过在公共场合不敢表达自己观点、发表自己意见的体验吗？
- 你有过无法拒绝别人的要求而终日奔波的经历吗？
- 你有过在社交场合无法结识新朋友而倍感苦恼的情况吗？

如果你有上述的体验，能说明你的性格出了问题吗？别急着下结论，咱们先来看看心理学上相关的理论解释吧。

理论对话

上述种种情境，乃是由于自卑在作怪，是缺乏自信的表现。

自信与自卑，平日里大家说得很多，那么，什么是自信，自卑又是什么呢？其实自卑与自信都是人对自己的态度，只不过这是两种截然不同的态度：自卑是有关自我的消极信念，而自信则是有关自我的积极信念。

自卑者对自己持不信任和否定的态度，他们自己看不起自己；自信者则信任自己，鼓励自己，锻炼自己，成长自己。

一事当头，自卑者常在行动中犹豫不决，他们会告诉自己“我做不成这件事”；自信者则能够勇于尝试，他们会对自己说“这事我能搞定”。

与人交往，自卑者缺乏主见，他们会在心里对自己说“我不如别人”“我的观

点、信念、想法与感受无关紧要”；自信者既看重自己的观点，同时也能尊重别人的想法，他们会对自己说“我是重要的，有价值的”。

面对人生，自卑的人会有种无助感，他们会对自己说“我不能成为我想成为的那种人”或“我的命(运气)不好”；而自信的人会有坚定的目标，并对自己说“我能掌握自己的命运，我会成为我想成为的那样的人”。

虽然自卑与自信是两种截然不同的待己态度，但是这两者之间并没有绝对的分水岭，因为自卑人人都有，自卑乃是自信之母，是一个人人格发展的原动力。

案例展示

超越自我——特级教师的成长路

薛法根是江苏省吴江市盛泽实验小学的语文特级教师。

在薛法根的眼里，自己并不是一个聪明的人，但正是自己的勤奋与努力，才让自己跨越了一个又一个障碍，最终走向成功。

1990年，盛泽实验小学举办了江浙沪两省一市教育整体改革研讨会，薛法根代表学校开了一节作文公开课。可是薛法根万万没有想到，自己精心设计的课却上砸了。面对这堂失败的公开课，薛法根难过得“无地自容”。

公开课之后，老校长在讨论会上的那句话，犹如当头棒喝：“记住：你是在什么课上跌倒的，你就必须在什么课上站起来！”

从这以后，薛法根一头扎进了当时语文教学的“禁区”——作文公开课，在学校聘请的大学教育科研顾问的指导下，薛法根确定了自己的研究课题“素描作文教学”，从此迈开了教育科研之路的第一步。

薛法根不断发奋努力，刻苦钻研理论，认真琢磨名师的每一堂录像课，在自己的课堂不断实践、尝试……

1993年，薛法根在江苏省“教海探航”征文颁奖大会上，开了一堂素描作文公开课《奇妙的魔术》，获得了在场听课的三千多名教师的一致好评……

对于已经取得的成功，薛法根并没有停下前进的脚步，他在作文教学科研的道路上不断行进，模仿、融合、创新，亲历科研的每个阶段……

1997年，薛法根成为江苏省最年轻的小学语文特级教师。

问题解析

自卑其实并不可怕，因为每个人都有过自卑，自卑是人类普遍存在的一种现象。生活中如果你能坦诚面对自卑，接纳自卑，并把自卑当成朋友，它就会像隐形的翅膀那样给力，会以出其不意的方式来帮助你走向成功、走向自信。

自卑与补偿：人总是有缺陷的，由于身体或其他原因引发的自卑，能摧毁一个人，也能令人发愤图强。面对自卑，如果你能找寻到有效的正确方法，刻苦努力，扬长避短或取长补短，“自卑达人”就能有效地协助你改变自身的处境，降低你的焦虑和自卑，这就是心理学上所说的“补偿”。

克服自卑，追求卓越是人天生的一种内驱力。现实生活中，很多人都是在这种补偿的奋斗中走向成功的：解放黑奴的美国总统林肯，通过教育及自我教育来补偿自己早期的知识贫乏和孤陋寡闻；古希腊的代蒙斯赛因斯，小时候患有口吃，可他每日坚持锻炼，最后成为著名的演说家；尼采自幼身体羸弱，但他一生研究强力意志和权力哲学，最终成了一代哲学大家。

过度补偿与自卑情结：对于自卑，如果采用了不恰当的方式或努力，结果不仅不能摆脱原有的困境，反而会增添新的问题和紧张，这就是“过度补偿”。“过度补偿”通常会发生在过度自卑以至于形成了“自卑情结”的人身上。

自卑不是问题，但“自卑情结”就属于病态了，它会阻碍人的成长与发展。自卑是人格发展的最初动力，一个人健康与否不在于他是否自卑，而在于他的自卑是否过度，以及他为摆脱自卑而做的努力方向是否正确以及是否努力过度。

心理测试

你对自己的态度如何？你是如何评价自己的？下面的这个小测验会有助于

你更好地了解你自己。

自尊测试①

这是帮助你自我了解的测试，请根据自身的情况如实回答。1表示非常不符合，2表示不符合，3表示符合，4表示非常符合。答案并无对错之分，请认真、轻松地作答。

1. 我感到我是一个有价值的人，至少与其他人在同一个水平上。	1	2	3	4
2. 我感到我有许多好的品质。	1	2	3	4
3. 归根到底，我倾向于觉得自己是一个失败者。	1	2	3	4
4. 我能像大多数人一样把事情做好。	1	2	3	4
5. 我感到自己值得自豪的地方不多。	1	2	3	4
6. 我对自己持肯定态度。	1	2	3	4
7. 总的说来，我对自己是满意的。	1	2	3	4
8. 我觉得我将来难以获得更多的尊重。②	1	2	3	4
9. 我确实时常感到自己毫无用处。	1	2	3	4
10. 我时常认为自己一无是处。	1	2	3	4

计分方法：

第1、2、4、6、7题为正向计分：即选“1”计1分，“2”计2分，“3”计3分，“4”计4分。

第3、5、8、9、10题为反向计分：即选“1”计4分，“2”计3分，“3”计2分，“4”计1分。

结果的解释：

总分40分。你的得分越高，说明你的自尊与自信心水平越高，这样的你对自己持积极、肯定的态度，说明你能信任自己，看重自己的价值。

正向题(1、2、4、6、7题)代表着你对自己的信念是正向积极的，是自信者的心态；负向题(3、5、8、9、10题)代表你的自我信念是负向的，是自卑者常见的消极信念。

现在请你再回到这10个条目上去，重新看看自己的选择，看哪些信念可以作出进一

① 汪向东，王希林，马弘等：《心理卫生评定量表手册》，中国心理卫生出版社，1999年版，第318页。
② 申自力，蔡太生：《Rosengberg自尊量表中文版条目8的处理》，载《中国心理卫生杂志》2008年第9期。

步的调整和改变。

如果你对自己的积极信念越来越多，消极信念越来越少，说明你就在向自信之门不断迈进，你的自我就会得到更好的成长。

温馨建议

1. 承认自卑，是迈开改变它的第一步

自卑能"给力"！直面而不回避自卑，接纳自卑，超越自卑，你的人格就能得到持续成长，你的自我就会变得更加强大，你就会成长为充满自信的现代人。

2. 看重自己的价值，不要被别人的情绪所牵引

面对人类普遍存在的自卑现象，你需要明确这样一个基本的信念：你的意见、信念、想法与感受都和别人同等重要，你是一个有价值的人。

看重自己价值的人，不会被别人的情绪所牵引，不因别人的喜欢而有价值，所有的人都很重要，因为你是一个独特的生命体，没有人能代替你的感觉，替代你的生命体验。

3. 接纳自我，做自己最好的朋友

你的自信心取决于你认为自己是怎样的一个人。如果你不是自己最好的朋友，那么谁是？悦纳自我，怀着和善、友爱和温柔之情来倾听你自己内心的独白，像父母对待子女般善待自己，并且承认自己是有价值的人——实事求是。

4. 无需追求完美，不要"过度补偿"

追求完美主义者，其内心有一种过度的担心，千万不要把不切实际的期望强加给自己，不要努力过度，也不必过度补偿，否则就会发展为一种自卑情结了。

5. 善待自己，不要试图讨好所有的人

你需要了解自身的需求和渴望，不必因为害怕惹别人生气，而放弃自己的目标和需求，不要试图讨好所有的人，无须对别人的要求有求必应，不要总是尽力满足别人的需求而忽略甚至委屈自己。

你无须过分谦和，在他人的要求、需要、压力和批评面前，要学会坚持自己的

立场，懂得维护自己的利益。

6．要学会说“不”

不要担心被人冷落，害怕让人失望，并担心此后的交往会令人不快而对人难以开口说“不”。面对别人不合理的要求，你可以彬彬有礼地说声“不”。“不”意味着设定自己的边界，坚持自己的阵地。因为你有自己的事情要做，你需要自己的空间，你需要“暂停”让自己休息片刻，这样做是对自己的尊重。

7．正确对待别人的评价和批评

不要把别人的评价看成是对自己自尊心的威胁，对于别人的批评冷静思考后，你首先应该问自己这样一个问题：“他批评得有道理吗？”只有你能判断，哪些意见正确，可以接受，哪些意见错误，不可以接受。怎么能因为别人说你不好，就真的相信自己不好呢？

8．保持积极乐观的心态对待周围的事物

自卑的人最爱说的一句话就是：“我真倒霉，运气不好。”这是一种否定性预期，结果霉运真的就来了。人的期望其实是一种能量，美好的期望会召唤来天使，它会给你插上一对隐形的翅膀，让你从“幸运”走向幸运再走向成功，否定性预期是一种负能量，它只会招来厄运。所以要保持乐观积极的态度对待周围的事物。

（王晓萍）

教师需要悦纳自我——重建内在安全

你喜欢你自己吗？你会常常出现自贬（自我否认）的征象吗？

- 拒绝别人对你的赞美（“我只是幸运”，或者“别虚情假意了”）。
- 把原来属于你的功劳，都归于他人（“我不行，是××的功劳”）。
- 有人说你课上得好，你心里想：“乱讲，不是想安慰我就是有事求我。”
- 有朋友主动接近自己，你心里想：“千万不能让他了解我，否则他肯定不喜欢我。”
- 逃避许多活动，因为害怕失败。
- 常忌妒（“为什么别人比我强”）。
- 不能容忍批评（“我有太多的缺点，我不能容忍自身的缺点”）。

如果上述自我否认的征象一再出现，那么你就要认真地矫正自我意识了。

❖ 理论对话

自我意识是人对自己身心状态及对自己与客观世界的关系的意识。它既是一个人对自己的认识和评价，包括对自己心理倾向、个性心理特征和心理过程的认识与评价，也是人与客观现实之间关系的反映。

正是由于人具有自我意识，才能使人对自己的思想和行为进行自我控制和调节，使自己形成完整的个性。

每个人对自己的意识不是一生下来就有的，而是在其成长过程中逐步形成和发展起来的。人首先是对外部世界、对他人的认识，然后才逐步认识自己。全面而正确的自我认识是培养健全的自我意识的基础,而自我悦纳则是自我意识健康发展的关键所在。

一个人的心理就像是一棵树,树是有根的,根是扎在土壤里的。如果没有根,这棵树就活不下去。就算是有根的树,如果根扎得不够深,那么大风大雨袭来的时候,这棵树也许就会轰然倒下。

我们心理的根扎在哪里呢?就扎在“悦纳自我”这片肥沃的土壤中。如果一个人连自己的基本状态都不能全面认可、接纳,他的心理根基就很不稳定,容易遭受各种心理创伤;如果是对自己全面否定,那简直就是无根之木,要置自己于死地了。

我们每一个人都是独立的,一个人悦纳另一个人很难,要悦纳自己就更难了。我们时常会对自己不满,为自己的缺点懊恼与烦闷,千方百计想掩饰。但是,自己又不像别的物件,不喜欢了可以随时扔掉;也不和别人一样,合得来便相处,合不来便分手,用不着委曲求全。

悦纳自己是一个漫长而艰苦的过程,也是一个人长大、成熟的过程。因为我们会逐渐发现自己不是那样的完美,也不可能变成理想的自己。

悦纳自己既要看到自己的长处和优势,也要敢于直面自己的缺点和不足。明白自己想做的不一定就能做,自己做的不一定全能做好,我们便会自信、自制、自强,生活便会多一点快乐,少一些烦恼。

❖ 案例展示

2000 年 3 月 17 日,陕西省府谷县田家寨学校发生了一起“煤气中毒”事故,同宿舍的两名女教师双双“中毒”,一名送到当地医院时被证实已死亡,另一名一直昏迷不醒,县城医院的医生在全力抢救。“中毒”事件中的死者叫田朝霞,“昏迷不醒”的叫郝美奋,两人都是前一年才从师范学校毕业分配到这所学校当老师的,同住在一间宿舍里,平时关系很好。

2000 年 3 月 19 日,事发后第三天,一条惊人的消息在府谷县城传开:因

“煤气中毒”一直“昏迷不醒”的女教师郝美奋，被府谷县公安局刑事拘留。因为，有证据证明，郝美奋这位看上去非常弱小的女教师，正是致使同室好友死亡的最大犯罪嫌疑人！

郝美奋性格内向，不善交际，很少参加集体活动，也很少和他人来往，常常少言寡语，缺乏生气。在热情奔放的田朝霞看来，郝美奋缺少生活情趣。她曾经开玩笑地对郝美奋说过：“你这样活着，还不如上五台山当尼姑去！”天性率直的田朝霞丝毫没有意识到，她无意中说出的这句话像锋利的刀子，直接捅到了郝美奋的痛处。郝美奋没把田朝霞的这句话当玩笑看待，她认为，这是田对自己最大的侮辱和蔑视。

在学校，田朝霞不仅人长得比郝漂亮，工作表现也要比郝美奋出色。尤其是在教学业务方面，田朝霞常常是被表扬的对象，而郝美奋却总是“默默无闻”。时间不长，郝美奋就被这种强烈的对比折磨得抬不起头，她觉得田朝霞是一只美丽的白天鹅，而自己却是一只可怜的“丑小鸭”，在工作中愈发畏手畏脚。有一次上级教育部门的人来校听课，郝美奋为了不让人旁听自己的课，竟然害怕得“生了病”。

案发前，由郝、田共同代课的那个班曾经开了一次班会（两人都在场），会上，学生们大大赞扬了一番田朝霞老师，却毫不客气地当面对郝美奋老师提了许多意见。这一次，郝美奋彻底崩溃了……

❖ 问题解析

教师这一职业，受领导、同事、学生和家长的评价影响较多，许多教师在意自己在别人眼中的形象，在乎别人的看法和评价，这是无可厚非的。但倘若将别人的评价和要求作为左右自己言行的唯一决定因素，内心就会变得敏感脆弱，经不起挫折打击。一旦遭受挫折，就很容易意志消沉，导致一系列的后遗症。

只有自我肯定、自我悦纳才是我们安身立命之本。因为我们存在的价值不是由任何外在因素所决定的，而是由生命本身决定的。

你不需要别人的肯定，你要学会自我肯定。你必须学会成为你自己的主人，你前进的动力不再来自他人的判断和反馈，而是要听从自己内心的呼唤，那么我们的内心才会建立起恰到好处的安全感。

悦纳自我的人不会嫉妒别人身上美丽的光环，他会珍视自己的能力和价值，坦然接纳自己的“不完美”。正如“世界上没有两片完全相同的叶子”一样，每个教师都是一个完整的世界，他们以其不同的个性、知识、习惯和生活阅历活跃在教育舞台上，正因如此，才体现了教育世界的丰富多彩。

悦纳自我的人不会为了迎合别人的好评，而不惜改变自己的本色，沦为别人的影子，更不会因为做事不完美而处处与自己较劲，让自己受尽折磨。在已经尽心尽力的前提下，他会莞尔一笑，宽容自己。

悦纳自我的人是自信的。自信是一个人发自内心的自我肯定，是由衷地觉得自己有价值，是热爱生命的表现。

现在有一种误区，认为自信就是敢当着人大叫大嚷，就是被人拒绝了，还是一百次一千次围着别人，死缠烂打。他们把某种程度的“没皮没脸”当做了自信。

真正的自信，不是狂妄的叫嚣，不是不切实际的幻想，也不是来自他人虚假的评价，而是像泉水一样，从自我肯定的深岩中渗出来的。它也许没有惊涛骇浪般的声势，但却如涓涓细流永不衰竭，终生滋养你的灵魂。

接受真实的自己，才能善待自己，善待他人。而一个人如果能悦纳自己，最终也必然能为他人所悦纳。

心理测试

你能自我悦纳吗？请对下列题目作出“是”或“否”的选择。

1. 在朋友和家人眼里，你是否显得过于敏感？ …………………………… 是　否
2. 你是否觉得自己不配取得成功？ ……………………………………… 是　否

3. 你是否总是持批评的态度? …………………………………………………… 是　否

4. 你是否容忍他人有不同观点? ………………………………………………… 是　否

5. 你是否过于易动肝火? ………………………………………………………… 是　否

6. 你是否容易原谅别人? ………………………………………………………… 是　否

7. 你是否过于爱忌妒? ……………………………………………………………… 是　否

8. 你是否认真听别人讲话? ……………………………………………………… 是　否

9. 你是否感到很难接受恭维? …………………………………………………… 是　否

计分方法:

第1、2、3、5、7、9题答"是",第4、6、8题答"否"记1分,其余答案不计分。将各题得分相加,得出总分。

结果的解释:

如果总分在5分以上,说明你自我否定得太多了,不能够悦纳自我,要做出改变哦。

下面是一张悦纳自我的清单,请对照自己的实际情况,看看你在哪些方面做得比较好,在哪些方面需要做出调整。

(1) 爱自己的身体。劳逸结合,紧张工作之余到户外去散步,享受一下美丽的自然风光和清新的空气;多选择营养的食物,为强身健体"加油"。

(2) 别人对你表示友好和接纳,不要采取怀疑的态度,而以"谢谢"来表示接受。

(3) 不要不承认自己的缺点,也不要过于自责。

(4) 明确自己的爱好,选择自己喜欢的事和行为方式。

(5) 不要逃避失败,失败是成功之母,失败并不证明你没有价值。

(6) 谨防嫉妒。别人称赞他人并不一定是在贬低你,也并不说明别人比你更重要。你的价值并不取决于别人的选择,尤其是某个人的选择,再说别人的选择也不是完全正确的。

温馨建议

捷克著名教育家夸美纽斯说过:"太阳底下,没有比教师这个职业更高尚的了。"但,阳光总在风雨后,教师也面临着多方面的压力:繁重的教学任务、对新课改的适应、职称晋升、各种评比，需要教师有很好的心理承受能力和乐观的心态。能正确地认识自己、愉悦地接纳自己，是教师保持健康心态、构建内心安全机制、充分实现自我价值的基础和前提。

悦纳自己，塑造积极自我可以从以下几方面进行：

1. 爱自己

爱自己和爱他人是否对立？正是因为没有能力爱自己，我们才不敢与不能爱他人，实际上，爱自己是爱他人的前提，自爱的人才有空间去爱别人。

爱自己，就是对自己宽容，为自己感动，为自己流泪，允许自己犯错误。当你对自己人格中的懦弱面或者阴暗面微笑时，它回报给你的也是微笑。当你认识到它，承认了它，它就不会带来更大的伤害，旧的伤口也会慢慢愈合。即使没有人可以给你力量，自己也可以给自己爱的力量。前提是要热爱自己，热爱生活。你向生活投入多少爱，生活也会同样回报给你。

2. 接受不完美的自己

我们每个人都有长处，同时也有短处，要学会接受不完美的自己，接受有缺陷的自己。一个能够接受自己缺陷的人，才有可能接受他人。完美只是一种概念，世上没有真正完美、完善的人，包括你的父母、朋友，也包括你的领导、同事和任何你敬仰的人。只有这样才能使你胸怀更加宽广，能够更多地包容自己和他人。

3. 停止与自己对立

不论自己认为做了多少不合适的事，有多少不足，从现在起，都停止对自己的挑剔和责备，要学习站在自己这一边，维护自己生命的尊严和价值，允许自己犯错误。但是犯错之后你可以做出补偿，以弥补自己的错误造成的损失，并且尽量确保同样的错误不犯两遍。

停止与自己对立，还需要停止否认或逃避自己的负面情绪。如果产生了负面情绪，不要去抑制、否认或掩饰它，更不要责备自己，对自己生气。要先坦然地承认并且接纳自己的负面情绪，正视它，了解它，改正它。告诉自己："不论我产生什么样的负面情绪，我选择积极地正视、关注和体验它，我将从中了解自己的思想和问题，并给以建设性的解决。”

4. 无条件接纳自己

一个人并非要有突出的优点、成就或做出别人希望的改变才能被接纳。自我接纳是人天生就拥有的权利。无论你的长相、教学成绩或是人际关系怎样，都要无条件接纳自己，学习做自己的朋友，不加任何附加条件地接纳自己的一切。

接纳自己不是用脑子、观念和价值，而是用你的心灵，用心灵爱自己，鼓励自己。在爱中，在接纳中，你的心灵被有序地整合起来，你的心就不乱了，脑子就清醒了，做起事情来就开心轻松了许多，就会有自己的节拍，萌生源于心灵深处的力量。

5. 做世界上独一无二的自己

如果你有一件全世界独一无二的稀世之宝，你会如何珍惜它呢？

同样，你的外表、动作、个性和思想都是唯一的，过去没有，现在没有，将来也不会有其他的人和你一模一样。

在这天地之中，你就是你，无可取代！我们的遗传、环境、遭遇和经验造就了我们自己，无论他是什么样子，我们都应该接纳他、喜欢他、珍惜他，毕竟这是世界上唯一的你。学会做自己，做最好的自己，最终也会赢得他人的尊重。

（苏　华）

第二部分
师生关系篇

好学生为什么也会出问题
——克服对学生的认知偏差

如果遇到以下几种情况，您的第一反应是什么呢？

● 上课时，有位同学在悄悄地和同桌讲话，您觉得这位同学平时的表现怎样？是比较差，还是……

● 自习课上，两位同学在窃窃私语，如果他俩学习成绩好，您认为他们在干什么呢？如果他们学习成绩差呢？

● 学生宿舍失窃了，有两位同学有嫌疑。您认为是平时表现较好的A同学嫌疑大，还是平时表现较差的B同学嫌疑大？

● 春游时，两位同学没有按时集中，您会批评成绩好的那位，还是成绩差的？

如果您心中的天平倾向于所谓的好学生，那么，不知不觉中您对学生的认知可能已经发生了偏差，这种认知偏差会影响您公平地对待每一位学生。

理论对话

在师生交往中，受到认知主体、认知客体和环境的影响，教师对学生的认知有时很容易产生偏差，这种偏差来自于人们根据一定的现象或虚假的信息作出的失误判断。认知偏差的表现形式有很多，比较突出的有首因效应和晕轮效应。

首因效应，也叫第一印象效应，是指第一次接触陌生人或事物形成的印象对人们后来的认识起到了先入为主的作用。这种印象不易改变，甚至会左右对后来获得的新信息的解释。[1] 首因效应一旦形成，会直接影响到教师在与人交往中的态度，从而影响到教师的行为。如果一个学生给教师留下良好的第一印象，教师会在以后的教学中，对他给予更多的关心和帮助；相反，如果学生给老师留下的第一印象不佳，那么老师很容易对学生产生偏见。

晕轮效应也是师生交往中一种常见的认知偏差。在认识他人时，人们往往根据自己获得的局部信息来形成完整的好或坏的印象。如果认为某人是"好"的，则赋予其更多的优秀品质；如果认为某人"坏"，就认为这个人其他方面也不行。这种对一个人的某种特征形成好或坏的印象后，就倾向于据此推论此人其他方面的特征的现象，就是晕轮效应，也叫光环效应。这是一种以偏概全、受主观偏见支配的绝对化倾向。它只抓住事物的个别特征，从个别推及一般，一好百好，一坏百坏，一个人的优点或缺点就像光圈一样被放大，而其他的优点或缺点都被我们无意地忽略了，从而对他人形成一个先入为主的印象，直接造成认知上的偏差。

案例展示

怎么可能是他呢？

杨老师刚上完早读课，手机就响了。"喂！您好！"杨老师亲切而略带疲惫地问好。

"杨老师，您好！我是学校宿管小王。昨天晚上熄灯后，我们巡视的时候发现你们班的张晓强同学偷偷玩手机游戏……"

"等等，你说谁？张晓强？"杨老师很惊讶。

"是的，他说叫张晓强，高三(3)班的。"

"绝对不可能的！张晓强可是好学生啊！你们有没有核对校牌上的照

---

① 刘儒德等著：《教育中的心理效应》，华东师范大学出版社，2006年4月版，第17页。

片啊？说不定是其他宿舍同学谎报他的名字。张晓强很认真的，不会出这种事情的。你们要好好查清楚的。不能冤枉好学生的。”

“哦！我们当时没有查校牌，这是我们的失误……”

挂了电话，杨老师很得意，肯定是宿管没有查清楚，张晓强才不会做出这种违纪的事情。现在的学生也太狡猾了，玩手机游戏居然还敢打着别人的名号，胆子越来越大了。

下午的英语课，杨老师特意多朝张晓强看了几下，张晓强一直都在认真听课。

下课时，张晓强追上杨老师，低声地说：“杨老师，您是不是已经知道了？”

杨老师一头雾水，问道：“我知道什么呢？发生了什么事？”

张晓强说出了昨晚偷偷玩手机游戏的事情，主动承认错误，保证下次不再犯了，请求老师不要告诉家长，别让他们担心。

杨老师彻底懵了，这怎么就变成真的了？马上就要模拟考试了，怎么还能玩手机游戏呢！好学生都如此，那些不要好的学生会变成什么样呢？张晓强啊张晓强啊，怎么会是你啊？杨老师心里真不是个滋味。

打铃了，杨老师匆匆地交代一句：“以后注意点，你可是要考双一流大学的啊！别耽误自己的青春，回教室吧！”

杨老师是一位有20多年教龄的老教师了，天天和学生打交道，从来就没有看走眼，今天却栽了……

❖ 问题解析

如果教师对学生的评价过于单一、片面，有明显的认知偏差，会影响师生之间的关系和交往，并直接影响学生的身心发展。我们可以从以下方面克服对学生的认知偏差：

1. 学会多角度看待学生

马卡连柯曾说过："多一把衡量的尺子，就会多出一批好学生。"现在的学生个性张扬，喜欢彰显自己的独特之处。教师要因材施教，从不同角度挖掘学生的优势潜能，全面、客观地评价学生，让每一个学生对自己充满信心！

2. 检验自己的认知有没有曲解

美国临床心理学家贝克(A. T. Beck)在20世纪60年代中期提出了情绪障碍的认知模型。常见的认知曲解可有以下几种类型：

(1) 非黑即白的绝对性思考：某老师在高考前发现学生看课外小说，于是认为该学生"死不要好，这时候了还不抓紧"。

(2) 任意推断：老师看到班上的两位异性同学很亲密地走在一起，就草率地认定他们两个早恋。

(3) 选择性概括：一位个性很强的学生提出了自己的不同意见，老师和他进行讨论，该学生还是没有同意老师的观点，后来情绪越来越激烈了，言语上有点冲突。该老师觉得很没有面子，仅仅根据学生讲话态度不好这一细节，而不考虑其他情况(如学生的观点确实有道理)，就对整个事件做出结论——该学生很不礼貌，不尊重老师。

(4) 过度引申：学生数学考得不好，老师找他谈话的时候说："数学是很重要的一门课，考不好直接影响你的总分，影响你高考的成绩，考不上好大学，以后就找不到好工作，以后的生活就不会好……"虽然老师是要强调数学的重要性，但仅仅因为学生的一次失误，老师却引申出了关于整个人生的结论。

(5) 选择性消极注视：喜欢把眼光投注在微小的缺点上，想法和注意力都集中在学生的消极面，忽视学生的积极面和事件的整个情景。

(6) "应该倾向"：常用"应该"或"必须"等词要求学生，如老师讲的话学生就应该听好。

(7) 过度夸大和过分缩小：指夸大学生的失误或缺点，而贬低成绩或优点。

(8) 情绪推理：一种凭感觉式的情绪推理，阻碍了对事物真实情况的了解，产生认知曲解。

3. 学会化解认知中的扭曲。

举　例	化　解
他是个好学生。	好学生是什么意思？ 他在哪些方面是好的？
这件事很难处理的。	这件事怎样难处理？
作业没有一次做得好的。	以后也不会做好了吗？ 真的是从来没有一次做得好？
你不能放弃的。	放弃了会怎样呢？
你必须听我的话。	不听我的话会有什么情况产生？
他表现得不好。	与什么比较呢？

心理测试

分析你的认知方式

现在请你充分考虑一下，列出好学生的界定因子，并写出各因子所占的比例，制成饼图。

例如：

行为习惯好　占（　）%

______　占（　）%

______　占（　）%

______　占（　）%

______　占（　）%

______　占（　）%

______　占（　）%

______　占（　）%

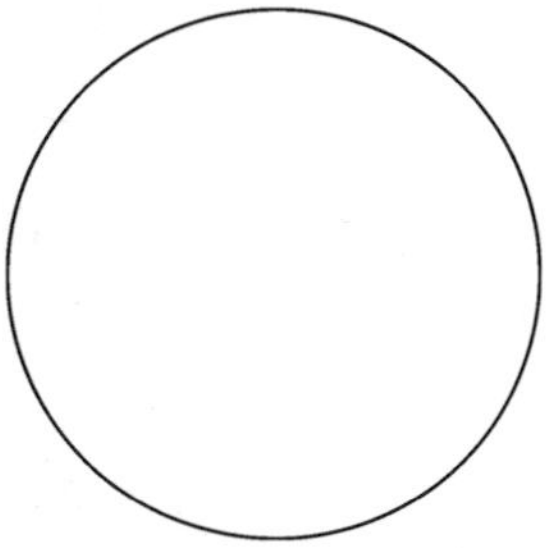

思考方式测试①

请在下列每个问题后写上从5分～1分的分值;从5分～1分表示由最适合你的情况到最不适合你的情况。

1. 一般而论,你吸收新观念的方法是:

A. 把它们同其它观念相比较。 □

B. 了解新旧观念的相似程度。 □

C. 把它们与目前或未来的活动联系起来。 □

D. 静心思索,周密分析。 □

E. 将它们在实践中应用。 □

2. 每逢读到自助性的文章,你最关心的是:

A. 文章中所提议的能否都办到。 □

B. 研究结果是否具有真实性。 □

C. 其结论与自己的经验是否相同。 □

D. 作者对必须做到之事是否了解。 □

E. 是否根据资料得出观点。 □

3. 听别人辩论时,你赞成的一方是:

A. 能认清事实并揭示出矛盾所在。 □

B. 最能体会社会规范。 □

C. 最能反应我个人的意见和经验。 □

D. 态度合乎逻辑,始终如一。 □

E. 最能简明扼要地表达论点。 □

4. 接受测验和考试时,你喜欢:

---

① 陈雪枫,莫雷:《心理自测》,暨南大学出版社,第65～68页。

A．回答一套客观而直接的问题。 □

B．写一套有背景、理论和方法的报告。 □

C．写篇表述自己如何学以致用的非正式报告。 □

D．将自己所知作一个口头汇报。 □

E．和其他受测验者进行辩论。 □

5．有人提出一项建议时，你希望他：

A．考虑到利弊得失两个方面。 □

B．说明建议如何符合整体目标。 □

C．说清楚究竟有何益处。 □

D．用统计资料和计划来支持其建议。 □

E．对如何实施建议作出说明。 □

6．处理一个问题时，你多半会：

A．想象别人会怎样处理。 □

B．设法找到最佳的解决步骤。 □

C．寻求能尽快解决问题的方案。 □

D．试着将它与更大的问题、理论联系起来。 □

E．想出一些相反的方法来解决问题。 □

计分方法：

把所有A的得分相加，表明综合型；把所有的B的得分相加，表明理想型；以此类推，C表明实用型，D表明分析型，E表明现实型。

你在哪类问题的总分最高，就表示你爱用哪一种方式思维。通常只有15%的人较平均地使用5种思维方式；而偏重一种方式的占50%；三类问题总分均高的占35%，这些人可算作双管齐下的思想者。

结果的解释：

综合主义者。富有创造性和进取心，但常使别人因他们而不安。对思辨哲学的热爱导致他们有些脱离现实。对任何真理都多方位探讨，结果成为一个热衷于辩论的人。一般人逻辑思维程序单一，从一个念头想到另一个念头，可他们却在许多念头间跳跃，令人感到难以理解。

理想主义者。往往将注意力集中在相同之处，以谋求和谐。能耐心倾听别人意见，关心自己的目标、价值及造福他人；尊重道德传统和人格。常因未能达到自己所定的过高目标而自责追悔，对唯利是图和蔑视道德之人深感失望。理想主义者比别人更关心未来，可能会热心过度，对那些不需要或不愿意接受帮助之人也给予帮助。因此，也许有人会说你“多管闲事”。

实用主义者。有积极向上的人生观，遇到困难临危不乱。他们的信念是今天只需做今天之事，并深知明天还会有尝试的机会。他们不大周密规划，只将注意力放在现有条件可完成的事情上。实用主义者主意多，富有创造力，凡事都以优选的方法去做，毫不气馁。他们也是折衷主义者，适应性强、易于满足；在做似乎不可为之事时也会很有兴趣。他们比大多数人的高明之处在于有对付难题的手腕和高超圆滑的谈判技巧。

分析主义者。认为做任何事情都只有一个最佳方案。为了这个最佳，他们会理性地判断问题，耐心搜集资料并精心求证。一旦有了最佳的方案，就此打定主意，不会反悔。他们是务实的人，认为感情、愿望和幻想以及恭维赞美等一概无关紧要。由于只求事事完美无缺，得到赞扬时也总感到不满意，因此很可能被视为令人难以忍受的吹毛求疵者。

现实主义者。认为耳闻目睹或亲身体验感知的事情为真实存在，其余的只是幻想和理论，没有丝毫价值。只喜欢摆在面前的事实，相信亲眼所见的世界才是真实的。不信奉折衷综合和理想主义，有自己的目标，对别人不能与自己看法一致感到惊讶。

（聂　璐）

今天你 OUT 了吗？——做学生的自己人

每位老师都知道“亲其师，信其道”的道理，但在现实的教育教学管理中，您做得怎样？

- 您了解你的学生吗？
- 您知道你的学生经常挂在嘴边的歌星、影星、球星等偶像是谁吗？
- 您看得懂学生们的火星文、网络用语吗？
- 您的学生和你亲近吗？他们遇到困难会主动找您吗？

面对这些问题，很多老师可能说不上多少。在工作中，我们可能会自觉或不自觉地把学生当做管教的对象，习惯于居高临下地管学生，用指责和批评表达对学生的要求和期望。这样，师生之间的心理距离会越来越大，很容易产生敌对情绪和误解。要想让学生接受自己、亲近自己，我们首先要放下身段，和学生打成一片，尊重学生，平等地对待学生，学会做学生的“自己人”。

理论对话

社会心理学家纽卡姆曾经在 1961 年做过一项沟通活动实验，实验表明，彼此间的态度和价值观越相似的人，相互之间的吸引力就越大。人们在交际中，往往会因为彼此间存在着某种共同之处或近似之处，从而感到相互之间更加容易接近。而这种相互接近，通常又会使交往对象之间萌生亲切感，并且更加愿意相互信任，相互体谅。在人与人的交往过程中，我们也往往存在这样一种倾向，即对于自己比较认同、有共同语言的人，会更加乐于亲近，对他们说的话更容易接受和信赖。这就是心理学上的“自己人效应”。我们要拉近与他人之间的距离，与他人“打成一片”，首先就需要在心理上让人感觉到你是“自己人”。

“自己人”，往往是与自己存在着某些共同之处的人。这些共同之处可以是血缘、地缘、姻缘关系，也可以是理想、兴趣、爱好、利益，甚至年龄、经历等。在陌生的环境里，共同的生活习惯、求学经历，甚至认识同一个人、在同一所学校上学、喜欢同一个歌星，都会让两个陌生的人成为“自己人”。在其他条件大体相同的前提下，“自己人”之间的交往效果一般会更为明显，其相互之间的影响通常也会更大。

“自己人效应”一经形成，人与人之间的摩擦事件与心理冲突会大大减少，会更容易建立良好的人际关系。所以，为了提高交往效果，有必要在交往过程中积极创造条件，努力寻找或形成双方的共同点，从而使双方都处于“自己人”的情境中。

案例展示

最潮语文老师：用网络语言玩转文言文[①]

“哥上的不是课，是寂寞”

把文言文上出时代和时尚共存的感觉，会是“神马”样？会不会有时空穿越的感觉？在成都外国语学校第21届教育教学研讨会文科课堂上，初二年级语文教师周密展示了他新课改后研发的新文言文教法，险些没把同学和老师们“雷翻”……

“哥上的不是课，是寂寞”“神马都是浮云”“脑壳里有乒乓”……老师语出惊人，全场爆笑之中，明朝张岱的小品文《湖心亭看雪》的历史背景、作者心境结合时事，被生动地一步步显现出来，让人印象深刻。听课众人评价：“这个新教法，高！”

“哥钓的不是鱼，是下一个春天”

课堂上，同学们如有异议便可起立向老师提问，而周密老师则不时用时

---

① 《成都最潮语文老师：用“网络语言”玩转文言文》，2010年12月18日《华西都市报》，第5版。

髦词汇来“刺激”同学们的想象力。

整堂课上，老师不仅说到房价、官二代、寂寞哥，连文中“强饮三大白而别”一句也被他解释为害怕酒后驾驶。时髦词汇连绵不断，课堂氛围非常活跃。

背诵文章也是趣味横生。文中一句“舟子喃喃曰：‘莫说相公痴，更有痴似相公者！’”，他请大家用想得到的可以代替文中“痴”字的词语，一起朗读。瓜、雷、囧、呆……四遍读完，全班爆笑不止，他还提议用“脑壳里面有乒乓（四川话）”来试一试，请大家体会当时的意境。

最后，他引经据典揭秘了张岱寂寞的原因——“张岱是明朝人，成文却在清代，亡国亡家，岂不是神马都是浮云啊？”“作者不是真到西湖看雪了，而是他的一个梦，和柳宗元‘独钓寒江雪’一样，哥钓的不是鱼，而是下一个春天，是对未来的期待！”

学生专家评点：“很给力！”

学生们对周密老师的新教法并不特别诧异，因为被大家亲切称呼为“周密密”的他在课堂上总是特别有新意。学生潘雨洁说：“我们语文作业不多，但每次他都讲到点子上，我们学了很久都不会忘。”

“周密老师的课堂让我们感受到了对传统文言文教法的颠覆，不只是过去读读背背、抠抠文字的教法，结合时事的教法真的非常给力啊！”成都市教育局教研员阎亚辉评价说，40 分钟就让我们见到了老师的独特个性，他将自己融入到了文本中，好像和作者张岱一样，“在山水之中，天人合一”。

同事刘雅蓉听课后认为深受启发，她说：“新课改就是要求将过去枯燥的教师灌输，转变为学生自读、自学，提倡学生的思维运转，周老师通过一个个很现代的设问，激发了学生的兴趣，他很给力。”

最潮老师：潮语学自网络

周密老师 1999 年从教，从宜宾师院毕业后在四川师范大学进修本科。周密说，教师应该是真诚的人，应该注重教学的方式方法。

为何想用网络语言教学？新教法的灵感其实来源于有一天晚上观看

《艺术人生》,人艺一位院长告诉观众,文艺节目要有知识性、趣味性、现实性,最好再加点哲理。周密从中受益,他希望以网络潮语的趣味来吸引学生兴趣,结合现实传授知识和哲理。

“其实很多学生把老师想得很弱智。”周密为了和学生们打成一片,找来以前教过的学生,在人人网上加了好友,在上面他找到了“神马都是浮云”等大学生们最鲜活的话语。周密说他的很多学生现在都在国外,他们的语言中有最前沿的词句,他习惯性地记录下一个个戏谑的词句,希望在下一届学生中用到。

“老师和学生之间其实不该有鸿沟,一篇课文N年前讲,和N年后讲,应该有不一样的方式和不一样的效果。我和我的学生一样,不会苍老。”

问题解析

美国总统林肯曾经引用过一句古老格言:“一滴蜜比一加仑胆汁能够捕到更多的苍蝇,人心也是如此。假如你要别人同意你的原则,你就要先使他相信,你是他的忠实朋友,即‘自己人’,用一滴蜜去赢得他的心,你就能使他走在理智的大道上。”要成为学生的“自己人”,老师可以从以下几方面努力:

第一,尊重学生,主动亲近学生。要得到学生的接纳,老师首先要尊重学生,把学生看成是与自己人格平等的个体。老师还要在各种活动中主动亲近学生,可以和学生一起参加体育、艺术等课外活动,在活动中了解学生、亲近学生。苏霍姆林斯基说过:“应该像对待同伴和直言规劝的朋友那样跟孩子们打交道,同他们一道分享胜利的喜悦和失败的忧伤。”

第二,与学生保持同体。即把学生与自己视为一体,学会站在学生的角度看问题。如果你能让学生感到,你的言行是在维护他们的利益,为他们着想,或体会到你是真正为他们好,那么双方的心理距离就会拉近。这样,面对老师时,学生就不会只感到心理压力和戒心,还能感受到老师温暖的关心和信任。老师如果希望自己很快被学生接纳,让学生接受自己的观点,与学生保持同体很重要。

第三,用学生熟悉的方式与他们交流沟通。客观上,学生和老师在年龄、知识、价值观念等各方面都存在差异，老师要学着用学生的方式，比如网络语言、微信、QQ、微博、电子邮件等进行沟通，尝试理解学生，也让学生理解自己。有的老师在运用这些形式与学生交流中，获得了很好的效果。比如，用咆哮体布置作业的老师；改编流行诗歌，提醒学生"你抄，或者不抄。分数就在那里，不增不减。我抓，或者不抓。态度就在那里，不紧不急。你挂，或者不挂。命运就在那里，不悲不喜。别让我抓到你抄袭，或者让小抄落到我手里。默然，淡定！严禁作弊！"的监考老师。用学生熟悉的方式表达观点，更能得到学生的理解和接受。相反，如果我们拘泥于传统的交流方式，不善于学习和改变，就会在被学生认为"out"的同时敬而远之。

当然，在学着做学生的"自己人"的同时，我们也不要忘了自己是教师，要保持一定的原则和底线，不能和学生亲密无间，更不能放弃自己的原则被学生牵着鼻子走。

温馨建议

增加交往吸引力的六条法则

对等律：人喜欢同样喜欢自己的人。

接近律：感情来自于接触，理解来自于沟通。

递进律：人更喜欢那些对自己的喜欢不断增加的人；人更讨厌那些对自己的喜欢不断减少的人；人最喜欢那些原来否定自己，后来肯定自己的人；人最讨厌那些原来肯定自己，后来否定自己的人。

黄金定律：你希望别人怎样对待你，你就怎样对待别人。

白金法则：别人希望你怎样对待他，你就怎样对待他。

钻石定理：永远记住别人对你的好，迅速忘记你给别人的好处；勇敢地承担责任，主动地承认错误。

（束晓霞、吕二妹）

该放手时则放手——相信你的学生

您从心底相信您的学生吗？在和学生相处中，您有没有反思过自己的教育方式？

- 您是一个管家婆式的老师吗？
- 您是否喜欢事无巨细都要喋喋不休地关照给学生？
- 您是否无微不至地照顾您的学生，但学生却毫不领情，反感您的唠叨，拒绝您的关心？
- 您会给学生自由的空间让他们学会独立地完成学习任务吗？

很多人认为，好老师就是要把学生管得服服帖帖，在学生面前有绝对的权威，要关心学生生活、学习的每一细节。但是，教师与学生的关系有时候就像抓沙子一样，“抓得越紧你就会失去得越多”，宽严相济，张弛有度，才能真正帮助学生成长。

理论对话

青少年时期是学生成长过程中的关键时期。他们的身体开始发育，性逐渐成熟，不管是在别人眼里，还是在自己眼里，他们开始向成年人的形象靠拢；他们的独立能力和成年意识不断增强，独立活动的愿望变得越来越强烈，他们想摆脱父母，自己作主，但又不得不依赖家庭。这时的青少年，特别反感来自老师和家长无微不至的关怀和啰啰嗦嗦的叮嘱。他们讨厌老师、家长这种关怀背后的不信任，厌烦被别人当做孩子，讨厌受到各种约束，抗拒别人的安排，用对立和逆反来表达自己的独立意愿。

老师过细的管理，过多的要求对学生来说，往往是过度的束缚，会让青春期的学生从内心深处陷于不受信任的委屈和孤独中，感觉得不到老师的理解。他们往往用冷漠和逆反拒绝老师的要求和建议。青春期学生常见的逆反心理有：**自负型逆反心理**，优越的环境可能造成孩子高傲、自私和心胸狭窄；**困惑型逆反心理**，当孩子发现现实与想象有很大差距时就开始怀疑，逆反就是他们表达怀疑的一种形式；**失落型逆反心理**，人都希望得到别人的赞美、理解、支持，尤其是孩子，当他们的努力得不到肯定时就会走向另一极端；**受挫型逆反心理**，挫败感会使他们沉溺于烦恼和痛苦之中，从而对学习和生活失去信心。

苏霍姆林斯基说过："唤起人实行自我教育，乃是一种真正的教育。"雅斯贝尔斯说："控制并非爱，控制固守着人与人心灵无交流隔绝状态的距离，使人感觉到控制者不是出于公心，而是在使用狡计，并以被控制者个性泯灭为代价。"作为教师，要学会放手让学生在尝试中学会自我教育。学会放手，就是要充分尊重并相信学生，给学生更多的时间、空间，更多的自主权，让学生在观察、思考、发现、创造中体验学习、生活的乐趣，形成良好的学习和生活习惯。

放手是一种信任。学会适时放手，还学生一片自由的天空，让学生有试飞的空间和机会，才能练就强劲的翅膀，去搏击长空。放手是一种尊重。学会放手，需要健康与开放的心态、团结与合作的胸襟；敢于放手，是给学生更多的机会和责任，是对学生发展潜能的信任。雅斯贝尔斯说："人，只能自己改变自身，并以自身的改变来唤醒他人。"学生对未知世界的探索需要自己的实践，只有在实践中，学生才会真正掌握方法，才能发现未知的世界。敢于放手，才能赢得学生的信任和尊重，才能激发学生内在的潜能，才会有真正的教育。

案例展示

"谈恋爱"的班长

学生A在高二选科时，分到了我班上，第一时间我就认识了他。那是在打扫宿舍的时候，我看见他用手指甲去剔墙上遗留的石灰泥！回到教室对着座位表一查，原来是他。他原来的班主任早就告诉我，他在谈恋爱，成绩还可以。后来，我还在校园里看到了他与传说中的女朋友走在一起，他们看上去挺自然的，我也就很自然地走我的路，念念不忘的是他用手指甲去剔墙上石灰泥的情形。

新班级组成一个月后，我发现原来的班长虽然聪明但在纪律方面却过于随意，学习也不够努力，于是在班上进行了一次民主推荐。在大家的推荐下，A成为新一任班长。他没有令大家失望，在高二小高考复习期间，他带领全班同学挤时间抓学习，每天领着一些成绩较好的同学在黑板上分享自己的学习收获，班级里形成了浓厚的学习氛围；平时，他如果发现哪个同学自习课上纪律不够好，哪个同学好像学习不够努力，他会主动地找这些同学聊天、谈心，指出问题，给予鼓励。

然而，不管他如何努力，A还是有个心结：那就是他谈恋爱的事情。A不理解老师怎么不找他谈这方面的内容，尤其是有一次我还在校门口碰到他跟女朋友从外面购物回校。A终于沉不住气了，给我写了封长长的信，谈他的"爱的经历"，我也回了封不比他的信短的信，谈了我的看法：青少年本来就处在多变和对外界事物充满好奇的年龄，喜欢过几个女孩子很正常，那些女同学对他的意义而言跟和他要好的男同学的性质是差不多的，就是谈得来而已，不要故意给自己戴上这样那样的帽子，谁都需要友情。我相信他会处理好，同时建议他们不要躲开大家，应大大方方地相处。他的心结解开了，在学习和班级工作方面热情更高涨，高考时他发挥出色，考上了理想的名牌大学，他跟那个女同学的故事也没有继续，就是同学而已。

我庆幸在这件事上选择了尊重和信任。有的时候给学生一个空间，他就会还你一个惊喜；如果一味地批评、控制，那么得到的只有对立和疏远。

问题解析

如果老师遇到案例中的男女生交往亲密的情况，不要简单地兴师问罪，要多关注，相信学生、帮助学生妥善处理成长中遇到的问题。这样，学生就会多一份责任感，多一份担当，而不会失去理智，与老师、家长对着干。有时，老师抓得太紧反而容易造成学生在错误的道路上狂奔，与其说是学生不可思议，不如说是老师缺乏一点心理常识，没有给他清醒的机会。

我们每个人似乎都有这样一种心理：越得不到的东西，就越想得到；越是不让知道的东西，就越想知道。这种逆反的心理现象叫做“禁果效应”。“禁果”的说法源于《圣经》，夏娃被禁止摘食智慧树上的禁果，然而她却被蛇诱惑，偷吃了禁果，受到了上帝的惩罚。青少年学生处在特殊的发展期，好奇心较强，逆反心理较重，“禁果效应”常常会在他们身上反映出来。作为一名智慧的教师，应该懂得不提倡的东西不要使其变成“禁果”，人为地增加对学生的吸引力，而要通过适当的方式进行沟通和交流。

我们要信任学生。学生是处在成长过程中的生命体，教师要看到学生的成长，尊重学生的自尊，与他们建立一种平等的亲密关系。要相信学生有独立处理事情的能力，尽可能支持他们、帮助他们。在他们遇到困难时，要多鼓励安慰；当他们受到不良诱惑或犯了错误时，不要简单否定，要在沟通理解中，引导他们找到问题，自觉改进；当他们成功时，要欣赏他们，给他们更大的发展空间。学生是在尝试、犯错、改进的循环中不断成长的，我们不能因为学生的错误就丧失对他的信任，更不能用严格的控制来剥夺其成长的空间。

在平等交流中获得学生的信任。信任是对于一个人或一个系统的可信赖性所持有的信心。师生之间的信任是相互的，教师要信任学生，也要在平等交往中获得学生的信任。教师要尊重学生，要以身作则，要言出必行，要公正地对待每个学生，特别是，在师生交往中要有勇气承认自己的错误，勇于向学生学习。

给学生成长的空间和机会。在班级管理中，教师要学会适当地留一些空白，引导学生积极参与。比如针对某些问题，教师不妨先不说出自己的观点，让学生思考、讨论，甚至争辩，让学生有表达自己意见的机会，在意见的碰撞中树立正确的观念；比如在具体的活动组织和管理上（运动会班级入场式、周末剧场演出等），可以放手给学生锻炼和实践的机会，提高学生的动手能力，增强班级凝聚力和学生的责任感；比如在对待学生的错误方面，批评之后，要留有让学生自己思考的时间，让学生体验后悔、内疚、恐惧，而不是在教师“穷追猛打”之下叛逆、狡辩、反抗。

信任学生，学会放手，就是要学会智慧地关爱学生，给学生自我教育和成长的空间。

心理测试

测试一下你的信任指数

1. 一件事情放在面前，你觉得自己能够独立承担下来并出色地完成吗？
2. 你觉得信任周围的人并愿意和他们倾心交谈吗？
3. 你是否经常有被欺骗的感觉，总认为周围有人在捉弄、欺骗你？
4. 你能列举出三个以上自己最信赖的人吗？
5. 你确信这三个人不会欺骗你吗？
6. 你是否理解善意的谎言？
7. 如果有人欺骗了你一次，下一次你还会相信他吗？
8. 当一件事情真相大白的时候，你却发现自己上当了，当时心情是好还是不好？

计分方法：

以上题目，如果你回答的结果为“是”或者答案是肯定的获得1分，如果你回答的结果为“否”或者答案是否定的，那么就不得分，请累加所得的分数。

结果的解释：

分值为0～3分：你是曹操式的人物，总是在怀疑周围的人和事物，不愿意和别人一起承担责任或者分享成功，个人英雄主义色彩很浓，结果是越怀疑别人越觉得周围没有可以依赖的人，最后连自己都怀疑上了。

分值为4～7分：你愿意给予周围人足够的信任，只要认定了一个人就不会怀疑他的经历和品质。人的信任是建立在相互信任的基础上的，你愈是信任别人，别人愈是不会辜负你的信任。

（韦雪清）

“苦口婆心”遭遇“置之不理”——走出习得无助

● 您对学生苦口婆心地进行教育，换来的却是学生的无所谓，甚至是不屑一顾。

● 您的课准备得那么充分，却总是得不到班上那些同学的积极回应。

● 您为班级的同学付出很多，收获的却是学生的冷漠和轻视。

● 您放弃休息，为学校的工作兢兢业业，殚精竭虑，却得不到领导一丝一毫的肯定和赞赏。

如果您有过以上的经历，那肯定体验过这种多次遭遇失败后表现出来的怀疑、否定、沮丧。这说明有一种不易察觉的无助感正在蔓延，您的生活将在这种无助感的侵蚀下，变得越来越消极、越来越被动，面对挑战和挫折，您会退缩、绝望，甚至放弃。这种无助感是习得的，当您认为自己的行为和结果之间没有任何关系，认为自己不管多么努力都是于事无补时，就会产生习得无助感。

❖ 理论对话

“习得无助”研究源自美国心理学家塞利格曼(Seligman)1967 年进行的一项经典实验。实验者给狗施加不能逃避的电击，狗作出任何的挣扎和跳跃都不能阻止电击。多次实验后，狗放弃了无效的努力。后来，即使它轻轻一跃就能逃避电击，它也放弃挣扎，被动接受。

塞利格曼把动物(包括人)在愿望多次失败后，遇到挫折就表现出退缩、绝望和放弃的现象，称为“习得无助”。对人来说，“习得无助”还有自我怀疑、自我否定和自我设限等，会使人变得悲观失望、听天由命，听任外界的摆布，任自己的命运随外力的强弱而波动起伏。简单些说，就是身未败心先败。[①]

习得无助感产生后，在人身上会出现这样一些表现，比如消极被动，对什么都不感兴趣；失去正常的判断能力，形成自己无法控制外部事件的消极心理定势，丧失斗志，放弃追求；缺乏积极的情绪体验，烦躁、冷淡、悲观、颓丧，直至陷入抑郁状态。由此，我们可以看到，习得无助感是经受失败后的一种心理惯性和障碍，是失败或挫折阴影的延续，是情绪的低谷，是本能和思维的沉寂期。

在人们的生活中，习得无助感是广泛存在的，只是程度轻重的差别。习得无助感轻则可能使人抑郁、绝望、意志消沉，陷入心理疾病；重则可能影响企业、地方，甚至国家的发展。当一个集体遇到强硬的对手，屡遭挫折，屡试屡败，看不到任何希望时，就会人心涣散，悲观失望，一败涂地。

教师身上的习得无助往往来自不良的归因模式。塞利格曼指出，消极的行为事件或结果本身并不一定导致无助感，只有当这种事件或结果被个体知觉为自己难以控制和改变时，才会产生无助感。如果一个人把失败、挫折归因于自己缺乏能力这样的内部的、稳定的不可控因素，那么就很容易产生否定的情绪体验，对未来、对成功不抱期望，最终导致“习得无助”。当老师经历过一次次失败，认为对学生束手无策或对学校的教育现状无能为力时，无助感就会不断地弥漫开来。

对学生过高的期望也会让老师品尝习得无助。很多老师对自己所做的各项努力总是充满期望的，期望学生能在自己的帮助下很快有所进步，如果学生没有达到预期的改变会让教师有一种挫败感。期望越高，挫败感越强烈。如果没有得到领导的鼓励，这种习得无助将会得到强化。

习得无助的背后还有职业倦怠的长期积淀。教师是一项特殊的职业化助人工作，在他们的工作过程中，常常要应对各种人际关系，遭遇各种人际矛盾和冲

① 蒋光宇：《“高峰体验”与“习得无助”》，载《成功》2003 年第 5 期。

突，长期持续的感情付出和不成比例的回报都会导致职业的倦怠和热情的枯竭。长期的职业倦怠会助长教师的习得无助。

案例展示

B老师早上在按掉闹钟后，还在床上赖着不肯起床。倒不是还想睡觉，只是想到要上班这回事，就让他疲惫地下不了床。是啊！他按照学校排给他的课表到班上上课，可是不管自己再怎么认真地上课，台下的听众一副事不关己的模样。唉！学生都不听了，老师还要在台上唱独角戏吗？不过不唱也不行，毕竟家里的经济还是需要他这份微薄的薪水。

上一次上课，同学们联合起来整他，这边一声"嗡……"，那边"嗡……"一声，整间教室就好像养蜂场似的"嗡！嗡！嗡！"。拜托，他真的很不想理这些同学，不想上课就算了，可是还有同学想听，身为教师的职责也还是要他把教材的内容讲一讲，总不成每节课都自修，每节课都让同学去打球或是玩电脑吧！他已经不打算要求同学的成绩了，难道让他把该做的工作做完，同学们都不愿意配合吗？

很难说他不认真，学期一开始上课的时候，就得面对班上层出不穷的小状况。当然，这难不倒他，每一次都被他很有技巧地压了下来。开玩笑，教了这么多年的书可不是白教的，学生的那些小把戏算什么。随着日子一天一天地过去，问题出来了，因为"每"节课都要花时间处理班级常规问题，结果快到期中考试的时间，他上课的进度居然赶不完，结果被同学回家向家长告了一状。家长一通电话打给校长，校长马上就把他找去"关切"一番。再者，开学时一次、两次的处理问题还可以，学期已经过了一半，每次上课还要再来一次"官兵捉强盗"似的心理游戏，精神负荷实在是受不了，最后只好选择妥协：只要不影响到老师上课，睡觉、看小说等安静的举动就睁一只眼闭一只眼算了。只是同学根本就不懂得互相尊重的道理，教师都退一步了，同学不但没有也退一步，反而更加肆无忌惮。

向学校反映吗？校长、主任每次都会说："辛苦你了！"就这样一句话把B老师的委屈完全打死。B老师心想："哼！辛苦？你们这些家伙哪里懂得什么叫辛苦？受苦的是我！有本事你也来这种班级上课看看。要么就是不用上课，整天只会指挥人家做这个做那个，这谁不会啊？再不然就是课那么少，还故意排那种轻松的班级来上课，真是……"

B老师已经放弃"向上反映"这回事了，反正反映事情的结果还是要自己解决，多半还要遭到别人的冷嘲热讽。上一次当是诚实，上两次是老实，上三次就变成笨蛋，再上到第四次当就成了白痴了。算了，就这样子吧！反正也不过就是一个小小的教师，准备混吃等退休就好（如果退休前没有被气死的话）。①

问题解析

在现实生活中，"习得无助"普遍存在，人们生活、学习中会遇到各种不同的失败和挫折，如，考试失败、学业不良、疾病、工作失误、下岗失业、人际关系困境等。习得无助的个体往往错误地认为，每件事都不受他的控制，发生在他们身上的事都是由自己的过失造成的，而且是不能改变的。如果长期不能克服它，他们将会丧失一切斗志，放弃一切追求，进而陷入绝望的心理困境。这是一种习得的行为和习惯，也是一种消极的动机。

教师的习得无助常常反映在对学生的学习和生活的评价上。当老师不断重复一项工作，却在学生身上怎么也看不到一点效果；当老师"苦口婆心"地教育学生，却得不到一点认可和改变；当然，最重要的是当老师把这所有的一切都归结于自己时，习得无助就无可救药地蔓延开来。教师的习得无助还与学校的态度有关，如果老师认为自己的努力无助于教育环境的改变，学校管理者漠视自己的

① 唐全腾：《教师不可不知的心理学》，华东师范大学出版社，2008年版，第39～40页。

建议，就会采取更消极的态度对待学校的要求，更助长老师的习得无助。

塞利格曼断言，通过学习一种新形式的认知技能，“这种悲观主义是可以避免的”。为此，塞利格曼修改了同一试验的实验条件，如在实施“无法摆脱的电击”前，先让狗学会逃脱，以后电击时习得无助就不易产生。另外改用不在笼中豢养的狗为实验对象，发现它们也不易陷入习得无助的地步。这就给我们启示，原有的成功经验会影响人们面对挫折时的反应。

其实，我们可以通过以下的努力，帮助自己走出习得无助的怪圈。

要增强自我效能感。人们只有当感到自己是能够胜任某些活动，认为自己在这些方面是有能力的，才会产生对这些活动的内在动机。人们也只有不断地感到自己的努力是有效的，才能真正从无助感的状态下解脱出来，从而坚持努力去获得成功。要知道，能力是在努力中获得和提高的，努力带来的成功也是能力增强的体现。

要学会正确归因。我们可以采用以下步骤进行测试和训练，以检查、改变自己不良的归因模式：

第一，可以通过某种简单易行的活动取得成败体验；

第二，对自己的成败进行归因；

第三，自己评判或请他人评判自己的归因模式；

第四，引导自己进行积极的归因，改变习得无助者一贯把失败归因于能力的模式，学会把失败归于努力因素或其他的可控的外部因素，不放弃再次尝试的决心和对成功的期望，使自己更加努力。

让目标切实可行。不要期望一次努力就可以解决所有问题，要根据学生的实际情况和自己的工作特点，制定具体的、切实可行的目标，在通过努力获得的一次次小小的进步中收获成功和自信。

温馨建议

1. 相信未来自己会遇到更积极的际遇。不做否定现状和于未来无益的事，努力做好每件事去改变现实。当遇到困惑和障碍时，不逃避或者拖延，而是认真研究它们，然后找出解决方案，逐一清除。

2. 专注于你正在做的事情。集中精力做好手头的事，其他的一概抛在脑后不去想。散步、读小说，甚至是发呆的时候就仅仅专注于散步、读小说和发呆，不去考虑工作或别的事情。尝试体味一种执着，一种宁静。

3. 把令自己忧伤、困扰的事情表达出来。向朋友掏心掏肺地倾诉，或者将自己的郁闷写到日记里，这样有助于减轻你的孤独和无助感。

4. 尝试为自己树立新目标，但是要把最重要的目标优先。合理安排自己的时间和精力，既不要无谓地节省，也不要无谓地浪费，要最大限度地优化自己可支配的资源，争取实现目标。

5. 运用潜意识的力量进行自我肯定。告诉自己“我并不差，我能行”，相信自己能走出困境，你就真的能走出去。①

（束晓霞）

① 陈曙光：《阳光心态：员工自我成长心理学》，中华工商联合出版社，2011 年版。

让学生把话说完——学会倾听

您会倾听吗？您会认真听学生把话说完吗？我们每天都在说话，或者在听别人说话，但这不一定是倾听。

- 您常常会打断学生的讲话吗？
- 在听学生说话的时候，您是认真看着他的眼睛，还是东张西望、心不在焉？
- 在和学生交流时，您是说得多，还是听得多？
- 您有耐心听学生把话说完吗？还是常常迫不及待地下结论？

听别人说话也是有技巧的，我们每天都在听，听是入耳，入心的才是倾听。那什么是倾听？我们先来做一个拆字游戏，看看“聽”（听）都有些什么意思。“聽”（听）字里有一个“耳”字，在“耳”的下半部还有一个“王”字，一个横置的“目”字，一个“心”字。从“听”字的繁体结构中我们可以看出，倾听时不仅要用“耳朵”，还要用“心”，用“眼睛”，更重要的是要把您对面的那个人当成是帝王，充分地去尊重他。

❖ 理论对话

倾听属于有效沟通的必要部分，其目的是思想达成一致和感情通畅。狭义的倾听是指凭助听觉器官接受言语信息，进而通过思维活动达到认知、理解的全过程；广义的倾听包括文字交流等方式。

倾听是收集信息的过程。这里包括谈话者的言语信息和非言语信息，这对理解谈话者至关重要，忽视谈话者表达的信息，就难以真正理解谈话者。

倾听能够创造一种安全温暖的气氛，使谈话者能够更加开放自己的内心，更加坦率地表达自己真实的想法。倾听还能够向谈话者反馈自己对谈话者的尊重与关注。大量研究表明，每个人都喜欢和尊重自己谈话的人交流。善于倾听的人容易在谈话者心中树立威信。

倾听是人际交往的一种姿态。善于倾听的人身上有一种善良的天性和善解人意的特质，这种力量超出你对别人的说教而非常自然地就能赢得尊敬和爱戴。

倾听能使教师了解学生的情况，有助于学生对教师产生信任和亲切感。倾听不仅仅是用耳朵去感知学生所讲的内容，更是用心去探索、去发现，从其言语和非言语的表达中听出潜台词、话外音，听出主要问题和矛盾。

学会倾听是十分重要的，因为倾听是交流的第一技巧。专家指出，在工作中取得成功的人士，他们的成功有八成是依赖于倾听别人说话或让别人倾听。一名成功的教师也是如此，倾听几乎是教师的日常工作之一。不可想象，如果没有倾听，教师怎么可能理解自己的学生，又怎么教得好书。因此，教师必须善于倾听，善于对学生的诉说作出反应。对学生的倾诉，教师应表现出倾听的兴趣，愿意听，有耐心听，而且是全神贯注地听。

案例展示

出租你的耳朵

美国知名主持人林克莱特一天访问一名小朋友，问他说："你长大后想要当什么呀？"小朋友天真地回答："嗯，我要当飞机驾驶员！"林克莱特接着问："如果有一天，你的飞机飞到太平洋上空，所有引擎都熄火了，你会怎么办？"小朋友想了想："我会先告诉坐在飞机上的人绑好安全带，然后我挂上我的降落伞先跳出去。"

当现场的观众笑得东倒西歪时，林克莱特继续注视着这孩子，想看他是不是自作聪明的家伙。

没想到，接着孩子的两行热泪夺眶而出，这才使得林克莱特发觉这孩子的悲悯之情远非笔墨所能形容。于是林克莱特问他：“为什么要这么做？”小孩的回答透露出一个孩子真挚的想法：＿＿＿＿＿＿＿＿＿＿＿＿＿＿。

——选自《读者文摘》

1. 你认为小男孩的想法是什么呢？

2. 你是否也有过和小男孩类似的经历，当时心里是怎样的感受？

这个孩子真挚的想法是：“我要去拿燃料，我还要回来！我还要回来！”

问题解析

在师生交流中，老师是否能用心倾听往往会决定交流的效果。很多老师不太在意学生的真实想法，习惯于用自己的一知半解和漫不经心，随意解读学生的本意。教师的问题主要体现在：

1. 说教与训话

生：老师，我越来越不喜欢上语文课。

师：那你喜欢上什么课？

教师没有听出学生这句话背后隐含的情绪，不关心学生为何不喜欢上语文课，没有帮学生分析原因、寻找解决问题的方法，而是反问“你喜欢上什么课？”这种说教与训话，既丧失了教师的威信，又降低了教育效果，还容易让学生产生逆反心理。

2. 敷衍应付

生：老师，就快比赛了，我就怕自己赛不出好成绩，我……

师：没关系，很正常，我参加比赛也紧张，到时多做几个深呼吸就没事啦！

教师没有听完学生的话，没有了解学生心理紧张的真正原因，只是用简单策略去回应了一下。

3. 盲目鼓励

某届作文专题教学课上，一位年轻的女教师在执教《编写童谣》时，先请学生自主合作选择一种课间游戏玩耍后，开始编写童谣，然后上台展示。然而展示之后教师不予点评分析，却在大肆表扬："大家的童谣，编得棒极了。"

教师对学生的发言没有及时进行评价辨析，而是盲目鼓励，看似是对学生发言的尊重和鼓励，实际上是一种极大的不尊重，没有倾听，哪有交流？没有交流，学生怎么会进步？

4. 缺乏反馈

生：老师，他们又打我了。

师：哦，知道了。

学生被打的原因是什么？教师没有了解，没有分析，没有想办法去解决问题，只是用简单的"知道了"应付一下。

一位研究者是这样分析的：当一个学生向教师诉说"老师，他们又打我了"，教师可以从中听出些什么呢？里面包括的内容是极其丰富的：他的欲望和需求——需要教师的帮助和保护；他的情感——焦虑、愤怒和不满——他们怎么可以打人呢？他的个性——孤独、内向、自我保护能力弱；与他人的关系——紧张、对立……学生作为生命的个体，有着丰富的内心世界，关键在于教师是否愿意做一个静静的倾听者，以爱心和耐心去迎接来自学生的求助、诉说甚至抱怨。

在倾听中，如果缺乏必要的技巧可能会导致对谈话者的误会和伤害。如果教师能在谈话和了解情况的过程中学会运用以下策略，将更有利于学生的成长。

复述。复述就是教师对学生表达的内容选择关键的部分进行全部或部分的重复。谈话中的复述通常可以验证自己是否真正理解了学生所表达的内容，一旦发现理解错了，可以及时修正，如果理解正确，也能使学生感到被理解。当然，一次谈话中不能过多使用重复技巧，否则会让学生感觉不真诚。

重读。重读是教师在学生所表达的内容中选择自己认为重要的字或词以强调性语气进行重述。重读和复述不同的地方在于复述是对学生谈话内容进行重复说明，而重读是对学生谈话内容中的字、词、句进行强调，相对来说，前者不具有或者少具有强调指出的意味。当然，重读也不能滥用，否则会使学生对自己的表达产生顾虑。

多采用开放式的提问，少提出一些学生只需用“是”或“不是”回答的问题。所谓开放式询问，是教师运用“是什么”“怎么样”“为什么”等词向学生提问，学生必须用较多的话语进行回答。适度运用封闭式询问可以使情况了解得更清楚，但是过多地使用封闭性询问会使学生成为谈话的配角，无法充分表达自己。

充分尊重学生，以平等的心态倾听学生谈话。在给予学生意见的时候教师可以用“你能够”“你可以”等开头的句子，而避免用“你应该”“你必须”“你只能”之类的句子，后者表达生硬，而且含有教训、居高临下的意味。

配合专注的神情和身姿。体态语言在表达中具有重要的作用，是人们表达思想、观点、态度、情感的重要途径。在言语表达的同时，体态语往往能传递比言语更真实、准确和丰富的信息。所以教师不仅要善于发现和理解学生通过非言语方式表达的信息，还要善于运用这种方法表达信息。

教师可以通过目光表达对学生的关注和尊重，学生可以从你的眼神中感受到你的专注和理解，从而增强自我表达。在学生表达的时候，如果教师的眼光不是注视对方，而是看着其他的地方或东张西望，不仅会让学生感到老师对自己说的没兴趣，也容易使学生建立起心理的防线。

另外，教师在倾听的时候如果脸部木然、缺乏表情，学生可能会猜测你对他的谈话缺乏兴趣和关心，或者因为不能从教师的脸上读出对自己谈话的反应，学生可能会对自己的谈话产生怀疑以致不愿意继续表达。

一般说来，教师微笑的表情，并配合点头，会对学生产生强而有力的影响，使其觉得自己备受关注。但这并不需要教师始终保持微笑。比如，皱眉虽然传达的是一种不赞成的信息，但是偶尔的皱眉可以告诉学生你对他所讲的不太理解，从而可以使学生提供更详细和真实的信息。总之教师的脸部表情及其变化，都应该建立在对学生的尊重理解的基础上。

教师在倾听时的点头动作，也使学生感觉到教师正在专心倾听并理解和接纳了自己，但是教师点头动作的发生应适当适度，不该点头的时候点头或过度使用点头，反而会使学生感到迷惑，或是认为教师的点头仅仅是一种装腔作势的应付。一般只要偶尔点头，并且配合适当的目光接触和脸部表情即可。

心理测试

测试一下你的倾听能力①

倾听是一项重要的沟通技能，下面是一套测试倾听能力的心理量表，做做看吧，看看你是不是一个善于倾听的人。做得好就再接再厉，如果做得不好，至少这套量表可以在一定程度上教你该怎么倾听。

请根据你在最近一个月的表现，对每个问题回答是或否，并记录。

1. 我常常试图同时听几个人的交谈。 …………………………………………… 是　否
2. 我喜欢别人只给我提供事实，让我自己作出解释。 ……………………… 是　否
3. 我有时假装自己在认真听别人说话。 ……………………………………… 是　否
4. 我认为自己是非言语沟通方面的好手。 …………………………………… 是　否
5. 我常常在别人说话之前就知道他要说什么。 ……………………………… 是　否
6. 如果我不感兴趣和别人交谈，我常常通过注意力不集中的方式结束谈话。 ………………………………………………………………………………… 是　否
7. 我常常用点头、皱眉等方式让说话人了解我对他所说内容的感受。 …… 是　否
8. 常常别人刚说完，我就紧接着谈自己的看法。 …………………………… 是　否
9. 别人说话的同时，我评价他的内容。 ……………………………………… 是　否
10. 别人说话的同时，我也常常在思考接下来我要说的内容。 …………… 是　否
11. 说话人的谈话风格常常影响到我对内容的倾听。 ……………………… 是　否
12. 为了弄清对方所说的内容，我常常采取提问方法，而不是进行猜测。 ………………………………………………………………………………… 是　否
13. 为了了解对方的观点，我总会很下功夫。 ……………………………… 是　否

---

①《测试你的倾听能力》，载《百度文库》http://wenku.baidu.com/view/74dc0ofeb172ded630b1cb619.html。

14. 我常常听到自己希望听到的内容，而不是别人表达的内容。 ………… 是 否

15. 当我和别人意见不一致时，大多数人认为我理解了他们的观点和想法。

………………………………………………………………………… 是 否

下面所示为 15 个问题的建议答案，是根据倾听理论确定的。

(1)否；(2)否；(3)否；(4)是；(5)否；(6)否；(7)否；(8)否；(9)否；(10)否；(11)否；(12)是；(13)是；(14)否；(15)是。

计分方法：

如果你的回答与建议答案不同，将不同答案的个数加起来，乘以 7，再用 105 减去它，就是你的最后得分。如：李老师有 6 个答案与建议答案不符，计算公式可以写成 105－6×7＝63，得分不足 76 分，倾听的技巧很不好。

结果的解释：

如果你的得分在 91 分～105 分之间，那么你有着良好的倾听习惯；77 分～90 分之间的得分表明你的倾听技巧还有很大程度可以提高；要是你的得分还不到 76 分，那么你是一个很差劲的倾听者，在此技巧上应该多下功夫了。

温馨建议

五“心”级倾听守则

1. 诚心：谦虚地听。是诚心诚意地想听对方说，不嘲笑、无轻视，让对方感受到的是“我真正地对你的谈话有兴趣”。

2. 专心：仔细地听。把耳朵、眼睛都用上，告诉自己：他所说的一切就是此时此刻对我来说最重要、自己最应关注的。

3. 用心：善于捕捉。不仅要听其表层意思，还要善于捕捉“弦外音”“话中话”“真意”“本意”，只有用心才能善解其真意。

4. 耐心：谨慎插嘴。把自己的辩解、所谓的真理，以及因对方的话题让你产生的表达欲都暂时放下。

5. 应心(回应)：适当回应。适时用“还有呢?”“然后呢?”鼓励对方说下去。

(吴 娜)

无处不在的偏见——公正地看待学生

对于传道、授业、解惑的教师而言，公正、公平地对待学生，从某种意义上讲，比精湛的专业知识更重要。但是，在现实工作中，教师毕竟不是圣人、完人，不可避免地存在着各种各样的偏见。

- “A同学真好！聪明伶俐，成绩优秀，我就是喜欢上课提问他！”
- “他能有什么好主意？调皮捣蛋还差不多！”
- “女生嘛，物理能学到这样子，已经很不错了！”

这种偏见会直接影响学生的发展。

理论对话

“偏见”本身是一个中性词，但由于偏见在日常生活中可能带来的消极影响，现代社会认知理论认为“偏见”是一种消极的情绪状态。这里的“偏见”通常是指教师在与学生的交往过程中，由于对学生认知信息的不充分，从而导致对学生的认知完全凭主观经验或主观状态，以负向情感作出判断的倾向性。

偏见不等于愚昧、无知，偏见的形成具有深刻的社会历史背景根源。中国传统文化中存在着“万般皆下品，唯有读书高”“书中自有黄金屋，书中自有颜如玉”的观念，整个社会过度注重学生的应试成绩，必然会影响教师的价值判断，让他们自觉不自觉地偏爱成绩优秀的学生，对成绩较差的学生存有偏见。另外，受中国封建社会男尊女卑思想的影响，许多老师对女生存在一定程度的偏见，总认为女生不如男生聪明，男生的发展潜力比女生大。

偏见是人类认知过程的副产品。老师和学生之间也是一种特殊的人际交往，在此过程中，不可避免地会存在一些人际知觉偏差，比如晕轮效应、刻板印象、近因效应、投诉倾向和经验的逻辑推理效应等，这些都容易让教师对学生产生偏见。

偏见与教师的自我判断标准有关。当教师进入一个班集体时，“一个较为常见的现象是，在教师的心目中，一般来说，自觉或不自觉地通常都会按照自己的标准，将全班学生分成喜欢的学生和不太喜欢的学生。”①人们总是喜欢按自己的价值观对事物进行评价，凡是与自己的价值观相一致的，就被知觉为好的，否则就被知觉为坏的。这样的价值判断，容易导致偏见的产生。

偏见还与诸如自尊、人格特点等个人因素有关。教师在学生面前往往自尊较高，一般情况下，对学生的“蔑视”会使自我感觉更加良好。特别是在学生面前，当自己的自尊受到威胁时，对他人的蔑视会恢复自我的良好感觉。影响偏见的人格因素很多，讨论最多的就是权威主义人格。具有权威主义人格的个体，其性格特征的顽固、缺乏灵活性，正合乎他对不同类别群体成员刻板地区别对待的行为。权威主义人格的个体强调权力、地位与支配，特别是对偏见态度的执着，以使其内在的压抑有一个发泄的通道和方向。

教师是学生成长过程中的“重要他人”，教师对学生的不同的期待将会被学生内化为自我期待，并直接影响学生的成长与发展。当教师认为某个学生是“好学生”，学生自己也会认为自己是好学生，对自己抱有很高的期待，在学习中积极主动，充满自信。相反，那些被认为是“差生”的学生，在学习中会把教师的低期待内化为对自己的低期待，认为自己不行，不敢表现，不敢提问，最终在一次次失败中被抛弃。偏见还会影响教师对学生的评价，不公正的评价会导致那些被归入“差生”的学生产生自卑感，影响班级正常的人际交往，最终影响学生的发展。

---

① 吴康宁：《课堂教学社会学》，南京师范大学出版社，1996 年版。

案例展示

被老师遗忘的角落

这是我在回家路上听到的一段真实对话。

A、B两位同学是小学六年级的男生。

A:“喂,今天上公开课你干嘛把手举得那么高啊? 不累啊?”

B:“那个问题我会的呀! 早几天我表哥告诉我的,珙桐就是鸽子树,他是生物系的。哎! 我的手举得那么高,王老师怎么就看不见呢?”

A:“我说你傻不傻啊? 公开课上老师怎么会叫我们这种人回答问题呢?”

B:“说的也是。平常她就不叫我们这群后面的男生,王老师都爱叫坐在前面的人,后面是被遗忘的角落啊!”

A:“你既然知道,怎么还那样丢脸? 举了半天,没有人睬你! 失落吧!”

B:“当时激动了,班上都没有人举手啊,我觉得王老师肯定很着急,公开课没有人举手,说明上得不好,王老师肯定很难过的。所以我就一直举手。”

A:“以后省省吧! 你还不了解老师? 前面的人都不会,后面的人肯定就更别提了。说不定王老师还以为你要站起来瞎说呢!”

B:“也有可能。王老师不会看不到我举手的。后面听课的老师都说‘这边这个同学一直举手的’,哎!”

A:“好了,别难过了。马上上初中了,离开她了!”

B:“是离开她了,可还不知道以后的老师会是什么样呢?”

问题解析

老师的偏见把学生分成了三六九等,这对学生的发展是不公平的。虽然偏见无时不在、无处不有,但并不表明偏见是无法改变的,作为教师,尽可能地公正地看待每一个学生是最起码的职业道德。我们可以从以下方面做起,改变自己的偏见。

1. 平等对待。作为教师不要总是把自己放在高于学生的位置与学生对话，不要总认为自己的观点是正确的，要把自己想象成学生，体会学生的感受，理解学生的思维和行为，减少对学生的偏见和带有偏见的表达。

2. 深入了解。许多偏见往往是由于师生间缺乏开诚布公的沟通和理解而产生的。要克服偏见，就必须跨越想当然的先入为主和不信任的心理障碍，主动和学生多接触、多交流，真正懂得学生的所思所想。

3. 自我检控。对学生行为进行评价时，要常常反思。反思自己的思维过程，有意识地控制自己的自动化偏见反应，这样才能更加准确地解释学生的行为，更公正地对待学生。

4. 提高理论修养水平。偏见与无知和愚昧有一定的关系。一个教师的理论修养水平越高、越全面，观察和分析问题的能力也就越强，产生的偏见越少。作为一名合格的教师，应该不断地加强学习，自觉提高教育理论修养，更新自己的教育观念，懂得青少年身心发展规律，全面、客观、公正地对待学生。

心理测试

心理学家哈德利·坎特利尔和高顿·奥尔伯特在哈佛大学工作时，花费了大量时间研究这种偏见心理。他们发现，人在愤怒、沮丧、失败、负债时，最容易把不幸的责任推到别人头上。更糟的是，人们一般意识不到冤枉别人的举动以及对他人造成的痛苦。为了减少人际交往中的偏见误区，哈德利与高顿拟定了“个人偏见心理”测试。①

1. 实际上，所有的事实收集齐全并整理后，任何问题都只有一个正确答案。…………是　否
2. 我觉得我是个非常传统和保守的人。…………是　否
3. 在社会、教育和职业方面，我与有其他背景的人直接竞争。…………是　否

① 转引自《个人偏见心理测试》，http://sdbjzx.sdedu.net/xlzx/ShowArticleID=2961。

4. 我总是难以获得经济上的成功。 …………………………………………… 是 否

5. 我比大多数人所受的正规教育少。 ………………………………………… 是 否

6. 我经常希望能有更大的心理权力和力量。 ………………………………… 是 否

7. 我主张对违法的人严惩不贷。 ……………………………………………… 是 否

8. 与朋友们相比，我对他人的动机更为怀疑。 ……………………………… 是 否

9. 我对其他种族的人所知甚少。 ……………………………………………… 是 否

10. 与大多数父母相比，我的父母很严厉。 …………………………………… 是 否

计分方法：

回答“是”的题目每个得1分，然后计算总分。

结果的解释：

得分在1～3分：你很成熟、宽容，相对没有偏见。你对他人持“与人方便，与己方便”的态度。

得分在4～7分：你的偏见程度为中等。记住，改进的余地总是有的。

得分在8～10分：你倾向于对他人得出偏见性的结论。战胜这种思维方式的方法之一是你要更多地了解存有偏见的那些人。你可能会惊奇地发现，他们也像你一样，在与许多生活上的困难做斗争。

（臧 华）

直面尴尬——用智慧化解冲突

● 年轻的王老师激情四溢，沉浸在他的课堂中。板书后，看到了小吴同学把纸条传给了小李同学，这时王老师快速走过去，抢过纸条并大声念起来。读着读着，他突然停了下来，纸条上写的是对老师刚才上课的嘲讽和编的笑话……

● 生物老师认为小张同学上课说闲话，扰乱纪律，勒令小张同学站到教室后面。而小张同学认为生物老师一直对他有偏见，这一次也是，就坚决不去。僵持了一两分钟，生物老师愤而离开教室，班干部也没有拉住。于是，一节自习课就成了“闹场”……

这样的场景对教师来说并不陌生，教师和学生的交往充满着意外。如果教师冷静对待，随机应变，会化冲突于无形；如果教师恼羞成怒，说不定冲突就会升级，最终两败俱伤。

理论对话

教育教学活动是教师和学生共同参与的生命活动过程，教师的种种预设都可能会遇到意外。学生不一定会按照教师的思路思考问题，他们会违反课堂纪律，会不服从管教，还会给新教师“下马威”。所有这些，都是对教师教育机智的挑战。如果教师只是简单地制止，或者按照自己的想象去判断、分析，想当然地以轻忽、草率的态度来处理冲突，不仅不能解决问题，反而会引发更大的冲突，使尴尬的气氛僵持乃至恶化，容易造成更大的伤害。其结果必然会导致师生对峙，引发师生冲突，影响到正常的教学秩序，甚至影响教师和学校的声誉及形象。乔斯沃德教授认为："冲突是指个体或组织由于互不相容的目标认知或情感而引起的相互作用的一种紧张状态。"富有智慧的教师不仅能有效化解冲突，更能把冲突的可能消解在萌芽状态。

马克斯·范梅南曾讲过："展现智慧的人似乎都具有在复杂而微妙的情景中迅速地、十分有把握和恰当地行动的能力。"古希腊诗人荷马说："智慧的标志是审时度势之后再择机行事。"当教师遇到意想不到的教育情景，能否快速地选择积极有效的行为和语言，将教育教学行为引向有利于建立师生和谐关系的方向发展非常重要。富有教育机智的教师不仅能迅速摆脱窘境，掌控局面，而且还能得到学生的敬佩，起到意想不到的教育作用。

案例展示

冷静巧应对

静悄悄的晚自习，同学们都沉浸在学习中，突然"滴滴"的手机声骤响。学校、班级三令五申不准带手机进班，学生们抬起头看班主任丁老师怎么处理。丁老师知道大家都在观望，这件事必须处理，如果不处理，学校的要求、班级的规定就成空话。那么如何处理？没有明确的定位，只知道大概的方位，基本锁定8位同学中的某一位，谁呢？不能确定。为了不影响其他同学的学习，她决定对这件事暂时不作处理，于是装作不在意的样子。很快同学们又低头自习了。第二天，丁老师根据对学生的了解，利用课间时间，不露痕迹地问了几个带手机可能性最小的同学，逐一排除，最后剩下一桌两人。她没有立即去找。她知道过两天就要月考，打算利用考试寻找教育契机。成绩一出来，丁老师找到该同学，了解清楚晚自习的手机事件，最后作为违规处理。同时在班级重申纪律要求，严禁携带手机进学校。

冲动是魔鬼

上课时，李老师听到一向调皮的小陈同学说了一句脏话。李老师非常生气，接着就有了下面的一段对话：

李老师（对小陈大声喊道）：你刚才说什么？

小陈：我没有说什么。

李老师：我耳朵不聋，听到你讲话了。

小陈：我说的是作业怎么做。

李老师：我听见的不是这句。

小陈：我旁边人都听到了，就是这句。

李老师：你不要狡辩了，滚出去。

小陈：什么老师，出去就出去。

……

小陈冲出了教室，全班同学心惊胆战，冷眼看着李老师怎么反应……

问题解析

如果丁老师为了班主任的尊严，一定要当场查清，不仅会破坏良好的学习氛围，引起班级其他同学的反感，还有可能在学生的一致否认中下不来台，引发一场新的冲突。通过事后不动声色的调查和针对性的批评处理，教育了带手机的同学，也警示了班级的其他同学。相反，李老师不冷静的处理方式却引发了一场完全可以避免的冲突。面对意外和尴尬，我们可以作如下尝试：

首先，管理好自己的情绪，用冷静和宽容来面对。当意外发生后，教师应该保持冷静的头脑，避免在生气的状态下言语失控，使矛盾升级，乃至恶化。在法国电影《放牛班的春天》里，马修老师用他的宽容和教学智慧迎来了孩子们的春天。影片中有个桥段：马修请被前任教师评价为“天使的脸蛋，魔鬼的心肠”的皮埃尔监管课堂秩序。可是，当他处理好乐格克事件后回往教室，却发现皮埃尔在黑板上画出了他的肖像速写。面对这一场景，可以处理出不同水准来：或是依据学校的“行动—反应”原则，禁闭三天；或是以此杀鸡儆猴，予以惩戒；或是进行思想教育，反省检查……而马修却选择了宽容，他因势利导地还皮埃尔一个漫画式的肖像素描，让皮埃尔对自己的恶作剧行为从内心感到羞愧。如果我们在日常的教育教学过程中，能用宽容的态度、“相逢一笑泯恩仇”的豁达对待学生，不仅能有效地避免冲突，而且能对学生的成长起到良好的引导。

其次，教师要有平等意识，把学生看成和自己地位平等的生命个体。作为成年人的教师在和学生相处的过程中也会有失误。如果教师发现错在自己，就诚恳地道歉。一个愿意承认错误的老师，可以赢得学生更多的尊敬和爱戴。

第三，充分发挥幽默的力量，有效化解各种冲突，和谐师生关系。幽默性的语言和行为，可以迅速减少师生间的火药味儿，降低冲突升级的几率，甚至可以化解师生间形成的隔阂与对峙。幽默是一种处事的智慧，可以化解危机，应付窘境，让人以更轻松包容的心胸看待人生。

第四，根据不同的学生、不同的情况，恰当选择冲突化解策略，形成自己的冲突管理风格，做好冲突的善后工作。教师要学会巧妙地运用不同的语言，尽量避免命令式的语言，多多使用选择性语言，如："要么……要么……""或者……或者……"等等。

最后，尊重学生，维护学生的自尊。"无论如何不要把轻微的过失看成是故意违犯，让学生有保全面子的余地。"让学生在心存感激中认识自己的错误，改正错误，有时比老师直接严厉的批评有着更好的教育效果。教师在协调师生冲突时，应从大局出发，对待学生既要有长者的姿态，也要多一份理解、尊重和宽容。在这个基础上，有一些对应的策略，这样就能面对突发事件不慌张，不尴尬。如果能使冲突事件转化成我们教育学生的契机，那就可谓"祸兮福所倚"了。

温馨建议

正确对待学生的顶撞[①]

1. 冷静对待，忌小题大做

很多时候，学生与老师发生矛盾冲突，很大程度上是教师不够冷静，强制学

① 王学喜，罗会荣：《正确对待学生的顶撞》，载《宁夏教育科研》2008 年第 4 期。

生服从自己的决定而使矛盾激化。顶撞事件往往伴随着学生的冲动或教师言行的过失。因此顶撞事件发生后,教师首先不要想着制止学生的顶撞行为,而是先要冷静地分析产生顶撞的原因,否则犹如抱薪救火,愈燃愈烈。尤其在心绪不佳的时候,更要避免公开批评、大声训斥、讽刺挖苦等不尊重学生的行为出现。先让学生冷静下来,课后选择适当的场合对学生进行劝告,效果或许会更好些。

2. 留缓冲空间,忌僵持不下

学生顶撞老师在很多情况下是不可预测的。逆反心理是产生顶撞行为的因素之一。当学生顶撞老师,尴尬局面出现时,不论事情该如何处理,教师应考虑给自己、给学生留有台阶,防止僵持局面出现,这也是一名合格的教育工作者的基本素质。因此,适当留有师生矛盾缓冲的空间,不仅可以防止师生对峙局面的形成,而且也能使学生对教师的豁达产生认同和感激,从而转变态度,认识自己的错误。

3. 放下架子,忌居高临下

"弟子不必不如师,师不必贤于弟子,闻道有先后,术业有专攻,如是而已。"随着社会发展和公民维权意识增强,学生自主和维权意识也在增强,这使师生关系发生了改变。以往教师在学生心目中绝对崇高的地位,也变得不再那么绝对。教师不应把自己凌驾于学生之上。教师对学生的要求,首先自己得做到,这是让学生信服、尊重的前提。

4. 用爱呵护,忌简单臆断

有效预防顶撞的最佳途径是爱。只要我们始终把学生当孩子看待,学生就是坚冰,也会融化的。教师对学生的爱首先表现在对学生的呵护上。对学生的错误,不要轻易采用过激行为,也不要轻易定性为品质问题。要区别对待,正确引导。其次,要理解、尊重学生,他们是在一次次的犯错中明辨是非,形成正确的态度和价值观的。

教师要学会预防顶撞事件发生,将顶撞事件作为教育资源加以开发和利用,从中寻找和探索预防顶撞的规律和策略。

(朱亚男)

遗憾总是难免的——接纳自己和学生的不完美

我们在教学和学生管理中难免会出一些问题，有一些遗憾。您是否有下面的感觉和想法？

- "我为什么这么差？其他老师肯定看不起我，在看我的笑话。"
- "我不如A老师工作细致有耐心，学识渊博，教学成果显著。"
- "我对自己工作上的失误会长时间耿耿于怀。"
- "我什么事也做不好，领导看我的眼神都和看别人不一样。"

教师职业是一个充满遗憾的职业，教师的工作从来没有最好，只有更好。没有一位优秀的教师会事事优秀，时时优秀；没有一种方法可以解决教师遇到的所有问题。面对不断变化发展着的学生，教师在实践、探索中总会留下遗憾。但是，如果不能接纳自己，不能正确认识工作中的这些失误、遗憾，我们就会对自己越来越不满意，进而烦躁、焦虑、自卑、失落，最终影响工作。

理论对话

正确地认识自己、愉悦地接纳自己是个人心理健康的标准之一，也是个人充分实现自我价值的基础和前提。

不能接纳自己的人往往有一种完美主义的倾向，一方面，总觉得别人比自己强，不接纳自己；另一方面，又总想处处完美，处处强过别人，内心深处有一种深深的不安全感。无法接纳自己的人很在意别人对自己的看法，很想得到别人的承认，不能容忍自己有一丝一毫的缺失。其实，每个人都是有优点和缺点的，我们应该无条件地面对和接受自己的一切，用积极的态度面对自我，悦纳自我。

只有能够接纳自己的人，才能接纳他人，进而才能赞赏他人。一个对自己不满意的人必然容易对他人也吹毛求疵，对世界悲观、失望的人必然不能看到世界阳光的一面。

工作中有遗憾是难免的，自己有欠缺也是正常的，只有悦纳自己，才能勇敢地面对现实，才能在认识到自己不足的同时还能积极进取，勇往直前。

悦纳自己，善待自己，不管工作多么平凡，都要善于从自己身上找到闪光点，不管生活多么平淡，心里都要充满阳光。只有保持这样一份心境，才能感受到生活的美好。

一个教师如果总是能以积极的心态看待自己、看待身边的人，那么这种积极的情绪将会成为我们教师身心健康发展的一种内驱力，它能促使我们积极向上，能赋予我们教学激情，能让我们自信乐观向上。一个能接纳自己的教师，一定能接纳学生，接纳学生在成长过程中的优点、缺点。教育是一群不完美的人带领着另一群不完美的人走向完美的过程，遗憾是难免的，遗憾过后有成长。

案例展示

做快乐老师的秘诀

那年我刚从地处偏僻乡村的子弟中学来到城里的一所名校，走上新的岗位。当时的我已有多年教学经验，还有多篇文章发表，小有才名，面对新岗位激情满怀。料想不到的是，学生根本不买我的账，上课不举手，作业马虎，作文应付，普遍认为语文课没意思、无聊。我一下子懵了，自己做了问卷调查收集意见。结果学生说，喜欢幽默、搞笑的老师；喜欢像做游戏一样、互动性强的学习。

原来，我在农村中学的那一套教学方法早已陈旧过时了。我开始努力寻求改变。我买了书，下载了不少视频，看笑话故事、幽默小品，学习《怎样才能幽默风趣》之类的文章，想逗乐我的学生，可是一切努力都是徒劳：我天生缺乏喜剧细胞，无论如何也变不成幽默大师。我试着改变课堂教学模式，增加学生自学和讨论的时间，仍然收效甚微。

我开始怀疑自己，是不是当老师的材料。这时，有一个暗暗替我着急的学生的周记突然点醒了我。她写道："赵老师，你可要保重身体啊，谁喜欢听一个面带病容、时常咳嗽的老师讲课呢？"我对镜自照，大吃一惊，那是一张苍白、疲倦的脸，一双没有神采、犹疑不决的眼睛。这是一张连我自己都不喜欢的脸，还能指望学生喜欢吗？连我自己都怀疑自己，还能指望学生信赖我吗？我没有活力，没有自信，能让学生在课堂上活跃起来吗？

我开始反思自己，一定要跟着学生的步子走吗？我为什么不能扬长避短，想办法改变学生的固有看法呢？我列出了自己所有的短处和长处：我不善幽默搞笑，但却知识面广；我不够威严，却亲和力强；我不够灵活多样，却有足够的耐心和细致……我的板书很漂亮，我的普通话够标准，我的朗诵声情并茂，我的歌声悦耳动听，我的文章有可观之处，我对语言文字的悟性很强……我完全具备一个语文教师的基本素质啊！原来，并不是学生真的不喜欢我，而是我自己唯恐学生不喜欢，唯恐自己不能胜任新的岗位，是我自己在怀疑自己！我唯一缺乏的是自信和乐观！

从那时起，我开始"洗心革面"，每天早晚对自己说："你是一个合格的老师！你必将成为一个优秀的老师！"每节课走进教室之前，我都会调整呼吸，面带微笑，神采奕奕，满怀自信地出现在学生面前。

这样坚持下来，效果不言而喻。所以呢，做快乐教师最重要的是悦纳自我、扬长避短，平静地接受自己的不足与缺憾，努力将自己的优势发挥到极致，你就是成功的，就是快乐的！

❖ 问题解析

快乐教师的秘诀就是悦纳自我、扬长避短，平静地接受自己的不足与缺憾，努力发挥自己的优势和长处，在自信、快乐中走向成功。

要学会做自己的朋友。首先，要允许自己犯错误。每个人都是不完美的，都是处在变化之中的生命个体，生命的这种未完成性是我们成长发展的前提。我们都会犯错误，也要允许自己犯错误，犯错误后不要过多地责备自己。当然，犯错后要及时弥补，要牢记教训，同样的错误决不能犯两次。其次，要维护自己生命的价值与尊严。在学习、生活中犯错误是正常的，通过这些错误，我们才能不断地成长。对待错误要就事论事，不能也不必因为一次错误就否定自己。我们与自己不是对立的两极，而是同为一体，要学会做自己的朋友。要站在自己一边，不带任何附加条件地接纳自己的一切，关心自己的身心成长。不要用挑剔的目光看待自己、否定自己，只有接纳自己，才能接纳别人，也才能得到别人的尊重和接纳，才会得到心灵的安宁，才会获得生命的尊严和价值。

要学会做学生的朋友。学生是处于成长中的生命个体，要允许学生犯错误。曾经有人说过："年轻人犯错误，上帝都会原谅。"教师要接纳学生，接纳他们的优点，也要接纳他们的缺点；要帮助他们发扬优点，改进缺点。从某种意义上说，学生的缺点和错误是他们新的成长点。

心理测试

促进自我理解自测题

1. 如果说自己有值得自满的东西的话，那就是：____________________

2. 在他人看来，我的优点可能是：____________________

3. 最近连自己都感到做得比较得心应手的事情是：____________________

4. 我竭尽全力做的事情是：____________________

5. 对我来说最高兴的事情是：____________________

6. 朋友称赞我的一件事情是：____________________

7. 我实际做过的、感到好极了的一件大事是：____________________

8. 我被他人所羡慕的事情是：____________________

9. 我感到值得自己引以为荣的是：________________

10. 与去年相比，今年感到自己有所进步的是：________________

11. 至今为止，我克服过的困难之一是：________________

12. 在现实生活中，我的目标是：________________

13. 至今为止，我想克服的困难之一是：________________

14. 我感到自己对他人有用，表现在：________________

15. 为了保持自己感情的平静而努力的事情是：________________

温馨建议

任何人总有其优点和弱点两个方面，伟人、名人也不例外。

洛克菲勒是石油大王，他有学习障碍，但他是社交能手。

亚里士多德的沟通能力有障碍，但他是一位内省力很高的哲学家。

梵高有抑郁症，但他在绘画上的成就却是超凡的。

孙膑腿上有残疾，但他是中国古代杰出的军事家。

罗斯福的下肢残疾，但他带领美国人赢得了在第二次世界大战中的胜利。

海伦·凯勒失明失聪，但她的内省力却不凡，也是心理上的巨人。

拿破仑身材矮小，却指挥了千军万马。

丘吉尔有沟通障碍，但是他却在国际政坛上号令群雄，叱咤风云。

贝多芬失聪，但是他是乐坛上的巨人。

所以，世界上没有一个人是完美的，我们既不需要因为自己的不完美暗自伤神，也不必因为学生的不完美而自责懊悔。

（吴　娜）

第三部分

家庭关系篇

成长的烦恼——家庭也有生命

家庭可能是你心灵的栖息地，也可能会成为争斗的场所，成为你痛苦的来源。谁不希望有一个美好的家庭？要建设好家庭，你首先需要了解家庭。你的家庭正处于什么阶段？你遭遇到一些什么样的问题？你又是如何看待这些问题的呢？也许你对自己的家庭状况有自己的看法，你是否愿意尝试一种看待家庭的新视角？

● 你和她是同一所中学的教师，两人情投意合，但她的家人认为你是农村人，家境不好，逼迫她去相亲，温柔的她拗不过家人和自己内心的一点不确定，你知道后非常伤心，发奋努力，远走他乡。

● 一天的工作结束了，身心疲惫的你到家后满脑子都是学生们的吵闹声，儿子的一声“妈妈回来啦”、先生的一杯茶让你顿觉轻松。

● 女儿上大学了，原本忙碌的你心里空落落的，面对爱人，你突然发现不知道跟他说些什么了。

家庭是两个或两个以上的人，由于婚姻、血缘或收养的关系所组成的一个团体，是一个持久复杂的心理或情绪系统，我们在家庭中成长，而且终生受它的影响。我们在家庭中的父母、夫妻或子女等等的身份和角色是没法选择的，我们和父母、孩子等其他家庭成员的结构关系也是固定的。家庭成员之间的心理关系会随着时间的变迁而有所变化或转移。

理论对话

家庭新视角

家庭是一个随着时间而不断变化的系统，在家庭的生命周期中，我们与父母、兄弟姐妹以及其他家庭成员的关系在不断变化，家庭的边界会发生迁移，成员之间的心理距离产生改变，我们在家庭子系统内部以及系统之间的角色也在不时地被重新界定，如我们的角色可能是子女、父母到祖父母等。在家庭中，我们不断成长，经历自己不同的发展阶段，逐渐成形，同时也受着更广阔的社会文化背景的影响。

家庭生命周期阶段	转变的情感过程：主要原则	因继续发展所需家庭地位的二级改变
离家：独身的年轻人	接受自我在情感上和经济上应负的责任	1. 相对原生家庭而言进行自我的分离 2. 发展同龄人之间的亲密关系 3. 在工作和经济独立方面确立自我
通过婚姻的家庭联合：新夫妇	对新系统的承诺	1. 婚姻关系的建立 2. 重整和延伸家庭以及朋友关系，并将伴侣纳入自己的关系系统中
有年幼孩子的家庭	接受新成员进入家庭	1. 调整婚姻关系，为孩子留出空间 2. 共同承担孩子的养育任务、赚钱和家务劳动 3. 与延伸家庭重新调整关系，以容纳父母和祖父母的角色
有青春期孩子的家庭	增加家庭界限的灵活性，以容许孩子的独立，接纳祖父母的衰老	1. 调整亲子关系，使得青春期的孩子能够自由进出家庭系统 2. 重新聚焦在中年的婚姻和职业问题上
孩子离家生活	接纳家庭系统的大量的分离和加入	1. 重新审视二人世界的婚姻系统 2. 在成年子女和父母之间发展成年人对成年人的关系 3. 调整关系以吸纳子女的配偶、孙辈与姻亲的角色 4. 处理父母(祖父母)的衰老和死亡
生命晚期的家庭	接受代际角色的变化	1. 面对生理上的衰老，维持自己以及伴侣的功能和兴趣 2. 为扮演更为核心角色的中年一代提供支持 3. 在系统中为年长一代的智慧和经济留出空间，支持年长的一代，但仍让他们行使力所能及的功能 4. 应对丧失伴侣、同胞和同龄人的情况，为自己的死亡做准备

无论家庭结构和文化背景怎样不同，我们和我们家庭的上一辈以及下一代是被不同程度地联结在一起的。例如，有时三代或四代家庭成员要同时适应生命周期的转换。当第一代人逐渐步入老年；第二代人则在子女离家后面对空巢期；第三代人正青春勃发，面临的任务是确立自己的职业，与同龄人建立亲密的成人关系，生儿育女；同时这个系统也在迎接它的第四代人。在某一代人身上发生的事件对于系统中每一代人的关系问题都会产生影响。

多彩的家庭

当今时代，家庭模式正发生着重大的演变，它在人的一生中可以有多种不同的形式：单身家庭、核心家庭、延伸家庭、单亲家庭（因离婚、丧偶或未来也可能更多出现的领养孩子的情况而出现）、重组家庭等等，很难说什么样的家庭生命周期模式才是“正常”的。而且不同的国家、文化群体在划分家庭生命周期阶段以及每个周期各自任务的问题上也千差万别，在同一个家庭的几代人中，家庭生命周期模式也不完全相同。家庭生命周期也受它所处特定时代和地域等因素的影响。如我国传统的几代同堂的大家庭背后是靠性别歧视、等级划分等支撑，对父母的尊敬和赡养长辈的义务是基于父母和长辈对资源的占有，传统习俗、道德观念和对违背主流理念的人们的世俗惩罚都有利于这种家庭结构的维持和稳定。现在，随着年轻人越来越能够主宰自己的婚姻和工作，实现经济和人格上的独立，年长一辈要求子女尽孝的权利也削弱了。今天的女性也更加独立，期待拥有属于自己的空间和生活。但是我们的社会制度并没有发生足够的转变以适应这种需求。当社会层面的改变滞后于家庭层面的改变时，许多问题就会产生，从而导致许多个体的生活与选择得不到肯定与支持。

如果你以所谓正常的一对异性夫妻加孩子的核心家庭模式去应对处理其他家庭模式下出现的问题，或者以几十年前的理念与方式方法去应对今天家庭的问题，就可能不具建设性。

社会文化需要更新观念，增加对不同家庭模式的包容度，不给这些家庭贴“不正常”的标签。同时社会层面的改变需要跟上，比如家政服务、文化设施、养老服务等等。

案例展示

家庭新视角

红英在中专毕业后当了普通的小学教师，20 岁后家人就很着急了，到处托人给女儿介绍对象。经过一段恋爱期，尽管红英有些不满意，但考虑到自己的年龄，24 岁那年她结婚了。婚后，她发现丈夫不懂人情事故，自己的朋友来了，他不知道款待；自己生病了，他不会说安慰的话……为此，她经常觉得伤心。但经过一段时间的磨合，她发现丈夫心地很善良，为人忠厚、顾家，觉得挺安全、知足，当然心中偶尔还是会有失落和不满。接着大女儿出生了。因工作特别忙，丈夫又在外地工作，所以，只好白天将孩子寄放在公公婆婆处，晚上接回家。但是红英觉得公婆特别宠孩子，孩子没有规矩，因此见到孩子会训斥管教，为此也会与公婆发生矛盾。渐渐地家庭在冲突中找到新的平衡。随着第二个孩子的出生，家庭的经济有些拮据，红英不得不在教书之余打零工以养家糊口。儿子出生了，一家人在欣喜中也感觉到压力，只好省吃俭用以维持家用。孩子读书了，进学校倒不困难，是在自己任教的学校读书。红英在同事和学生面前都觉得有压力，对孩子要求格外严格，脾气变大了，但孩子的成绩却除大女儿外都不尽如人意。到上初中时，红英想方设法将孩子一个个送进县中，自己也调进县城学校到丈夫身边工作。但红英发现孩子一个个都变得不听话了，为此感到很焦虑，也与孩子发生了不少冲突，有时候心情真是很糟糕，觉得活得太累！大女儿考上大学，对红英来说，实在是个太大的喜讯，精神也为之振奋了。孩子们终于一个个工作、结婚了，红英是个好热闹的人，喜欢与亲家走动，但往往觉得话不投机半句多，有时还会在人情事故处理上引发矛盾，关系渐渐就远了。退休后，红英有一段时间很不适应，不知怎样消磨时光。除了与邻居打打麻将，还有就是经常要去打听孩子们的事，觉得与丈夫无话可讲。孙子出生了，红英非常开心地帮忙带孩子，但媳妇常不满意，在一些矛盾产生后，换成亲家母带孩子了，红英觉得挺失落的。再加上经常过问孩子们的事情，孩子们挺不耐烦，索性有事就瞒着她。红英开始调整生活，与丈夫外出旅游，报老年大学学习电子照片制作，在家里研究烹饪等。现在红英已经70岁了，每天上网聊天，玩扑克，炒股，变着花样做吃的，偶尔老朋友会有聚会，在一起夸夸或骂骂儿子媳妇女儿女婿，感慨人生，生活很是充实。

问题解析

看了上述故事，你对家庭会想到一些什么？你有怎样的感觉？你若遇到类似情况会怎样应对？

家庭也有生命，与个体的人一样具有自己的生命周期，会经历自己不同的生长阶段，也会经历多样的成长的烦恼。在家庭生命周期的不同阶段，家庭会面临不同的焦点问题，当然在家庭发展的任一阶段、任一时刻，焦点也可能是多重的：如一个家庭可能会同时面临照顾衰弱的老人、努力与姻亲保持一个令人舒服的距离或是准备迎接一个新生命的到来等多项任务。如同个体在成长的过程中会有成长的烦恼，并且具有自我成长的生命力，家庭也具有面对转折、走过困难的生命力。

当我们把家庭视为一个整体、一个有机体来看待时，它会有它的出生、成长发展、衰老、生病和死亡，这个过程就是家庭生命周期。上述红英的家庭生命周期，在红英及其丈夫都去世时结束。

温馨建议

因应转折，促进家庭成长

家庭是需要建设的，但这种建设是基于对家庭的了解，基于对家庭在特定的历史文化和时代中所处的生命阶段的把握。从这里出发，您所采取的应对家庭在转折期或成长过程中其他不可预测的挑战的策略方法才会具有适切性。

如上述红英的家庭在新婚时，两人需要适应妻子和丈夫的角色，在必要时得放下自己对丈夫（妻子）和婚姻的一些不可能实现的期待以减少对对方的抱怨和对婚姻的失望，增加对对方的接纳、肯定、认同，从而享受爱情、享受婚姻。在孩子出生时，他们得学习从二元关系转化成三元关系，给孩子的到来留出空间，学习和胜任亲职角色，提高父母效能。在孩子上学时支持孩子初步离家，协助孩子融入学校生活，在学校生活中得到自信，形成良好的学习习惯等。在孩子青春期时，学习尊重孩子的独立，给孩子更大的成长空间，调整与孩子的关系，鼓励指导孩子的同伴交往等。在孩子离家时，重新面对和调整夫妻关系……

也许您的家庭正处于上表所述的某一个阶段中。在家庭发展不同的阶段，您面临的挑战与任务是不一样的，根据不同阶段的挑战与任务，同时结合时代文化、社会大环境的特点，去因应您家庭的转折与改变，家庭就会保持活力，发挥应有的功能，同时也就可以顺利步入下一阶段，并且鼓励每个家庭成员实现各自独特的发展历程。

心理测试

玲玲的爸爸是个公务员，妈妈是个大都市的中学教师，从小到上初中，玲玲一直是爸爸妈妈的骄傲，成绩优异，聪明伶俐，能歌善舞，并以全年级第一的成绩进入当地最好的一所初中。上了初中后，爸爸妈妈发现玲玲有些让人心烦：妈妈希望她继续学习芭蕾舞，玲玲自己却想学习街舞；妈妈希望玲玲穿得淑女一些，而玲玲自己喜欢穿破洞牛仔裤。妈妈觉得教师的女儿而且才上初中，怎么可以是这样的穿着？如此等等。爸爸妈妈和外婆外公一起批评玲玲，妈妈表示拼上命也要将玲玲挽救回来。玲玲一面反抗，一面自我怀疑：我不正常吗？在这样的情绪下，玲玲的成绩从全年级前几名一落千丈。

请你分析上述家庭正处于家庭生命周期的哪一阶段？这一阶段的家庭常常面临怎样的课题？请你针对上述家庭提出具体的应对措施。

（李建军）

我是谁——家庭中的去教师角色化

人们常常对教师有如此的印象:严厉、严肃、说教。虽然某些说法可能带有偏见,以偏概全,但也反应了教师这个职业容易让人形成某些特质,我们暂且称为"教师的心理职业病"或"教师腔"。这些"职业病"不仅会影响我们的职业行为,而且可能已经悄悄地潜伏在家庭中,破坏着我们的家庭生活。

理论对话

以下是教师需要警惕的一些"职业病":

1. 超级理智

有此倾向的老师,面对问题时,更多地从道理、规则、要求、原则出发,只关注事情应该怎样正确、客观地解决,而不顾他人和自己的感受。他们常常表现得"非人性的客观",经常使用"你应该""你必须"等词句。

职业要求教师担当着引领、指导、塑造人的责任,如果僵硬地理解这一职责,就会要求自己总是要做到以理服人,结果把"教育"变成了"说教",把"理智"变成了"超理智"。

2. 常常指责

有此倾向的老师,与人互动时,更容易看到对方的错误、不足,不接受别人任何的借口,经常表现得像一个权威在发布命令,像一个法官在审理案件。指责者关注自己的感受和权利,也重视事情应该是怎样,但完全漠视他人的需要和感受。常用的语言有:"都是你的错!""你为什么总是这样?""你到底是怎么回事?"这种做法被称为"语言的暴力"。

“严师出高徒”的观点得到很多人的认同，但“对学生要严格要求”在缺乏灵活性的教师那里，往往等于严厉，严厉演变成了苛求。教育的最终目的是培养人，而我们恰恰忽视了学生作为人的存在。

3. 喜欢指导

“好为人师”是对喜欢给人建议和指导的一类人的埋怨，也指出了为师者常常有的“喜欢给人以指导”的倾向。

4. 过多控制

管理者，是教师很重要的一个角色定位。老师要有较强的决断和控制力，教师的权威有时是不容质疑和挑战的。但教师往往在强调“集中”的时候忽略了必要的“民主”，听不到别人的声音。

5. 横向比较

教师需要担当评价者的角色，把学生放入群体之中比较，以确定个体在人群中的相对位次。横向比较可以让教师了解学生个体在群体中的表现和水平，但横向比较容易忽略个体的独特性和差异性。单纯以这样的视角看人，就会扼杀个体的努力，让人觉得“我永远不够好”。

6. 过度重视孩子的成绩

不管我们是否愿意承认，现在学校教育越来越像分数的加工厂。越来越多的学校以学生考试分数作为评价老师教育教学业绩的唯一标杆，老师也同样会以考卷上的分数来度量一个学生，好成绩等于好孩子，孩子就等同于他的成绩，最后孩子的成绩变成了孩子本人。教师对自己孩子的学习成绩会有更高的期待。如果自己孩子的学习成绩不突出，就需要面对“他连自己的孩子都教不好，怎么教好其他孩子”之类的责问。作为教师的子女，学习上也许比别的孩子面临着更大的压力。

问题解析

1. 关于“超级理智”

老师：在迟到这件事情上，学校和班级的规定是这样的……不管你有怎样的理由，你迟到了，就要按照学校的规定来办。

学生的感受：觉得委屈，不被理解，老师不讲情理、冷漠……

老师：作为学生，就应该好好学习，学习是最重要的任务，在高考这样紧要的关头，应该把其他的事情都放在一边，必须排除一切外在的干扰，你们一定要打起精神来。

学生的感受：漠然、烦燥、不耐烦、无助、自责……

在以上情境中，老师不仅漠视学生的感受，同时也把自己的一切感觉、需要等隐藏起来，让自己变成了一个绝对正确的机器人。

如果一不留神，我们在家庭中也表现出超理智的倾向，事事讲原则、处处讲道理，让客观性、正确性成为处理家庭问题的第一法则，对家庭的影响会是什么呢？

丈夫刚进家门，在沙发上坐下来，略显疲倦。

妻子：现在社会是男女平等的社会，夫妻平均分担家务是男女平等在家庭中的一个很重要的体现。据调查研究，越来越多的家庭是这样分工的。对此，你有什么看法？

丈夫的感受：______________________________。

一家人准备外出就餐。

孩子：我想吃麦当劳，特别是炸薯条，香香脆脆的，是我的最爱。我要点包大的。

爸爸：从健康和营养学的角度来讲，这些都是垃圾食品。我们要对自己的身体负责，这些洋快餐热量高，又是油炸食品，容易导致肥胖、高血压……

妈妈：我喜欢吃辣的，去楼下那家湘菜馆怎么样？

爸爸：辣的食物对胃不好。专家建议，饮食要清淡，低糖低盐低油，我知道有一家蔬菜馆不错，就去那儿吧。

孩子的感受：______________________________。

妈妈的感受：______________________________。

两个人因为有情感才走到一起，最终组成了家庭，因此，情感是家庭的纽带。

"家是讲情的地方，不是讲理的地方。"当夫妻一方或双方完全忽略自己和另一方的感受而据理力争时，可能已经渐行渐远了，结果会发现，自己赢了理却输了情，而最终输掉的可能是两个人的关系，输的是整个家庭。

2. 关于"常常指责"

老师：你怎么上课又随便讲话了？你都承诺过多少次了，每次都做不到，你说话算数吗？你对自己真不负责任，真是没救了。

学生的感受：被否定、被指责，羞愧，自责，对自己绝望，低自尊……

引发学生对自己的评价是：我是一个不能控制自己的人，我是一个不能对自己负责任的人，我是一个让人讨厌的人……

老师：怎么这么笨呢？这个问题我都讲过几遍了，还不会。算了，你就不是学习的料！

学生的感受：羞辱，愤怒，悲伤……

引发学生对自己的评价是：我是一个很笨的人，我是一个没有能力学习的人，我学不会数学(英语)……

在家中，你是否总是会觉得孩子或爱人不够好？他们的错误或缺点无法逃过你的眼？你总在指导、命令他们改正自己的工作或学习吗？你是家庭的审判官吗？

餐桌上。

妻子：你做的菜怎么总是那么难吃呢？拜托，记得放盐！

丈夫的感受：____。

引发丈夫对自己的评价是：______________________________。

爸爸：字写得这么难看！又马虎了，是不是？擦了重写！上次不是给你看过我班上王小丽的作业了吗？你看她跟你一样大，也都在一个年级，她的字写得多漂亮呀。你怎么就写不好呢？

孩子的感受：____。

引发孩子对自己的评价是：________________________________。

3. 关于“喜欢指导”

“我来教你！”

“你看好了，应该这样做。”

“我给你几点建议，第一……第二……”

“你这样做不对，看我的！”

这些是否也是你常常在家里对爱人和孩子说的话？它是否破坏了你和爱人间的平等？是否传达了我高你低的信息？是否是对孩子能力的不信任？是否剥夺了孩子尝试的机会？是否削弱了孩子的自主性？

4. 关于“过多控制”

“控制”需要和“服从”同时登台，当“控制”在家庭中大显身手的时候，“商量”“讨论”就少有立足之地，一不小心，你就成为了家庭中规则的制定者、问题的决定者、一个大权独揽的家庭独裁者。需要付出的代价可能是控制和反控制没完没了的斗争，也可能是一个屈从的丈夫（妻子）和一个服从的孩子。

老师：明天上午的活动大家绝对不能迟到，全校都是8点钟准时出发，所以，大家一定要在7点55分之前到校。

统一的集体活动，需要规定明确的集合时间。

妈妈：我们全家明天去天目湖玩，八点钟骑车出发，你们俩（爸爸和女儿）可别又睡迟了，七点钟起床做准备吧。就这么定了！

爸爸的感受：________________________________。

女儿的感受：________________________________。

5. 关于“横向比较”

妻子：“你每个月的工资，还不到隔壁老王的一半呢！”

丈夫的感受：________________________________。

爸爸：“儿子，虽然你这次比上次多考了10分，但比第一名还差了8分呢。”

儿子的感受：________________________________。

这些话很容易从一个爱横向比较的老师口中说出，带给家人的却是极度的沮丧和失落。

心理测试

请做一些练习，以便有更多的自我觉察。

你是否也会把这些教师易患的“职业病”带回家？你是否已经把家变成了你的第二课堂？你是否把家人变成了你的学生？请给自己做一次体检吧！增加对自己的了解和觉察是减少危害的第一步。

我的觉察：________________________________

家人的反馈：______________________________

（林少玉）

我是谁——角色背后的人

❖ 理论对话

1. 区分职业角色和家庭角色

每个人都充当着不同的社会角色，每种角色都担当着不同的职责。在学校，你是校长、数学老师、班主任；在社会，你是消费者、游客、读者；在家庭，你是儿子（女儿）、父亲（母亲）、丈夫（妻子）。教师是我们的职业角色，孩子、父母、爱人是家庭角色，在家中，你不是、也不需要是校长或班主任。妻子期待的是一个爱她理解她的丈夫而不是一个义正辞严的校长，孩子期待的是一个爱他宠他的妈妈而不是能补习功课的数学老师。

妻子：今天我就迟到5分钟，主任就要扣我这个月的满勤奖，太过分了。

丈夫：你迟到了还不认错，还抱怨什么呢？迟到了就应该受处罚嘛！我们学校对老师、学生都是这样规定的。

妻子希望丈夫理解她，她今天很不顺，迟到了，还被扣了奖金，有些生气，觉得倒霉。丈夫显然没有意识到自己当下面对的是需要理解的妻子，而不是需要批评教育的学生。妻子听了丈夫的话，会有何反应？

妈妈：要想学好数学，上课认真听课是一方面，另一方面还要多做习题，明天再去买一本参考书，把上面的题目都做了，我来帮你改。不会的，你不想问数学老师，也可以来问我嘛。

说话的是妈妈还是数学老师？如果父母是老师，孩子会觉得自己已经“失去了父母”。在学校，他们分不清这是老师还是父母；在家里，他们分不清这是父母还是老师。他们常常觉得自己面对的是副班主任、副数学教师、副校长或副教导主任，连餐桌都变成了父母施教的课堂。他们也经常看见父母扮演书商、警察、法官等角色，唯独那个慈爱的父母不见了。

2. 看到角色背后的人

任何角色都会被期待表现出某些特定的行为或特质，称为角色期待。如，警察就应该勇敢，教师就应该博学，男人就应该大度，丈夫就应该是一家之主。个体符合角色期待的行为举止是被接受和肯定的，不符合期待的行为就会被否定。但当我们只从角色去定义人的时候，我们看到的只是角色，只是我们在某种情境下的身份，触不到角色背后的人。我们关注的只是那些符号，而不是人本身。

不管是何种角色，我们都首先是人，其次才是那些角色、身份。我们首先是作为人的存在，其次才是作为角色的存在。我们需要首先从人的角度而不是角色的角度去定义一个人。人之为师，首先是人，其次才是师；人之为夫(妻)，首先是人，其次才是夫(妻)。

作为人的存在，我们都生活在同一个地球上，都来自于同一个生命力，是同一生命力的不同彰显；我们有相同的生命历程；我们有同样的渴望，我们都渴望被爱、被理解、被接纳、被认可、被认为是重要的和有价值的；我们都可能对某人或某事怀有期盼；我们都曾体会过失望、难过和喜悦，我们的世界观或相同或相异。作为人，每个个体都是如此的独特，作为人，我们又是如此的相似。

从人的角度去关注个体，我们就不仅仅只是听到他的故事，看到他的行为，更重要的是去接触到故事背后他的感觉、他的观点，了解到他对自己、对他人的期待，探索他深层的渴望，进入他的内在，在更深的层面与他联接。

问题解析

1. 张翔今天比规定的到校时间晚到了10分钟，因为在上班的路上，一个年轻人骑快车刮到了他，两人发生了激烈的争吵。

如果从教师角色的角度，可能会这样看：

作为老师，就应该以身作则，给学生做出榜样，自己都迟到，还怎么教育学生呢？怎么要求学生按时到校？张老师怎么一点也不大度宽容，竟然为一点小事大动肝火？太有失身份了！

如果从人的角度，可能就会这样看：

他可能很担心被校长批评，也担心学生会怎么看他；他可能对自己刚才的表现有些自责；那个青年人撞到人还蛮不讲理，让他很生气，他希望那个人能对他表示歉意，他希望别人能尊重他。

2. 在学校每年一次的例行体检中，吴鸣被检查出肺部长了一个良性的肿瘤。为了确诊，他需要再去医院做进一步的检查。晚饭后，吴鸣坐在书房发呆。平时都是妻子洗碗，今天妻子觉得比较累，就想让吴鸣去洗，可招呼了几声，吴鸣都没有听见。

如果从男人角色的角度，可能会这样看：

男子汉大丈夫，怎么那么软弱、那么经不起打击呀？遇到这点小事情就闷闷不乐了？

如果从丈夫角色的角度，可能会这样看：

一家之主，这样的表现，怎么撑起一个家？就是遇到再大的困难，也要咬咬牙挺住，不能让家人为你担惊受怕。

如果从父亲角色的角度，可能会这样看：

作为爸爸，就应该是强大的，不应该悲伤、害怕。所以，你要坚强，你应该表现得像没事一样，你是孩子的榜样，也是孩子的后盾。

如果从人的角度，可能就会这样看：

他很担心自己的身体，感觉到害怕，他觉得很无助，长瘤让他感觉到他正在失去健康，老之将至，这也可能触及到了他一直就存在的死亡焦虑；他期待妻子能安慰他，他渴望被妻子理解，如果妻子能安慰他，他就觉得妻子还是爱他的。

你可否告诉自己，我们的父母，他们首先是人，其次才是父母。作为父母，他们可能没有能满足你对父母应该怎样对待孩子的期待，可作为人，他们也只是一个普通的人，当然会做得不够好；你可否告诉自己，你的爱人、孩子，他们首先是人，其次才是你的孩子、爱人，才是学生或老师，作为学生，他（她）可能不符合你对好学生的期待，作为一个独立的个体，他（她）和你一样，渴望自由，渴望被爱；你可否告诉自己，你首先是人，其次才是老师、父母、丈夫或妻子，在人的层面上去接纳自己、爱自己、释放自己，让生命绽放出更多的色彩。

温馨建议

1. 我是一名小学老师，在学校里很受学生尊敬，在家里，老公对我的一些做法很反感，他常说："你看你，又来了，我又不是你的学生。"我很困惑，我觉得自己已经很注意不把他当成是学生了，怎么他还有这种感觉呢？

人的很多行为、反应、想法常常是自动化的，我们首先需要识别这些自动化的模式，然后才能用新的模式替代旧有的模式。增加自我觉察，是迈向改变的第一步。当你觉得困惑时，可以问问你的先生，他不喜欢你的哪些方式，你这样对待他，他的感觉是什么？他希望你怎么说、怎么做。真诚地请求家人经常给你反馈和提醒，是增加自我觉察的一种方式。

2. 我外出时，别人很容易认出我是老师。有一次，我和姐姐、妹妹一起外出旅游，在宾馆登记住宿时，姐姐和妹妹让我站在后面别说话，可就是这样，接待的服务生还是对我说"你是老师吧"，我觉得很沮丧，难道我长着一张"老师的脸"？

我们前面讨论的是教师职业容易形成的特质中会影响家庭关系、破坏家庭亲密的部分，并不是说，这是教师职业特质的全部。对教师来说，具有职业意义的特质中，责任心、耐心、慈爱、稳重、端庄等也同样令人印象深刻，也许正是你具有的这样一些特质，让你很容易被认出教师的职业身份。

（林少玉）

我与子女的界限
——子女成就与教师的生涯认同度

教师作为家长似乎有不少优势。首先各种教育信息会很多，比如各校的特色、教辅的选择、升学的信息、教师的水平等。当需要为孩子进行一些选择时，这些在信息上的优势就会显现出来。其次，教师对学习规律和方法很了解，在辅导自己的孩子时相对会轻松一些。另外，当自己和孩子在同一所学校时，对孩子各方面的情况相比较而言更容易了解。

既然有如此多的优势，那么教师在教育自己孩子的时候，就应该更加成功，这是不少教师对自己的期待。但有时，实际情况却并非如此。不少教师在学校是一名优秀的教师，回到家却要面对自己孩子身上出现的各种问题。当这些问题不能很好解决的时候，有些教师就会产生很强的挫败感。

理论对话

有些教师在教育子女的过程中出现问题，会比一般家长更加焦虑："为什么我能教出那么多优秀的学生，可是自己的孩子却不争气？""我跟学生的关系还不错，但是我的孩子却根本不听我的。""我想给孩子辅导一下功课，可是他却非常不耐烦，眼看他的成绩一直下降，我又着急，又无奈。""虽然我在学校是公认的优秀教师，但是我却觉得自己很失败，因为我的孩子才初二，却退学在家，不愿意到学校上课了。"……这看起来似乎很奇怪，教师的任务就是教书育人，怎么在培养出那么多优秀学生的同时，有时候却管不好自己的孩子呢？如果一位教师连自己的子女都不能教育好，是否意味着他（她）的教师生涯也是失败的？

正如一位“成功人士”的孩子不一定是个“成功的学生”，一位优秀的教师也不一定教出优秀的子女。如果把孩子的成绩（成就）当成教师生涯成功与否的标志，那么教师的职业就会成为你与孩子成长的羁绊。无论孩子的过去、现在和未来怎样，孩子是孩子，你是你。孩子的成就高，不能证明你作为教师的成功；同样，孩子的成就低，也不能证明你作为教师的失败。

案例展示

案例一

我深知“母亲是孩子的第一任老师”的道理。自从儿子呱呱坠地，我就对他充满了期望和憧憬，对他的未来谋划再三。可是上学这几年下来，儿子的学习问题不能让我满意！成绩倒在其次，良好的学习习惯没有养成、缺乏学习的主动性和积极性是最令人担忧的！

我要对自己的教育方法进行反思，我知道自己的做法上有许多误区：自己是教师，在学校对学生总是“笑容可掬，和蔼可亲，不厌其烦，循循善诱”，但是一回到家里，怀着满身心的疲惫，看到自己的儿子学习一团糟的时候，心里的怒火就抑制不住地往上窜，就总是忍不住对儿子训斥起来。理智上我自然明白这样做是不对的，可是在儿子的“顽劣”面前还是克制不住最后的爆发。我总是觉得他这里也不行，那里也欠缺，性格沉默而执拗、倔强，不愿意听劝，我行我素。最让我恼火的是他没有主动完成作业的习惯，如果没有一个人“专职”盯着他，他就会漫山遍野地出去疯跑，即使把他抓回来按在椅子上，他也要磨磨蹭蹭，找出种种借口，最后就一定会把我惹得火冒三丈，对他大吼大叫！

案例二

我有一种心理，就是总要千方百计地抓儿子来学习。因为一方面自己能够抽出来照管他的时间实在有限，不舍得浪费；另一方面，也是觉得他的学习欠账太多，这也应该补，那也需要学，总之如果他达不到我心目中的标准，就得给我学。其实我心里也明白，孩子需要时间来玩，更需要父母陪他玩，去培育个性、增进心智、发展潜能、沟通感情。在这一点上，我真可谓是理论的巨人，行动的矮子。我可能会对家长这样讲，也可能会对朋友这样讲，但是放到自己身上，就做不到了！每每看到他在那里玩，就觉得他已经玩得够多了，这时间浪费掉太可惜了，就会对他大喝一声："给我回来学习！"我觉得我自己陷入了一个怪圈。

案例三

我自己是一个教师，在同事和学生眼里，我爱岗敬业，认真负责，不厌其烦，循循善诱。许多从未喜欢过政治课的学生告诉我，自从我教他们以后，他们觉得上政治课很有趣，爱学政治了！学生给了我成就感和满足感，可是我做母亲为什么却如此失败？在家里，我甚至连儿子都管不了。我承认，我对自己的孩子是没有对学生那么耐心。从内心挖掘，我觉得还有一个重要原因就是，学生是别人家的孩子，不能管太多，不能说太深，不好意思不给面子，而自己家的孩子就不同，自己说了算，不必有那么多的顾忌。我管教他还不是为他好？

问题解析

曾有调查指出，教师在教育自己的子女方面是有误区的，或者说是一种职业特点的反映——凡事精益求精，便会过于苛求。在"案例一"中，做教师的总是觉得自己的孩子应该是班级甚至是学校里最优秀的那一个，如果孩子做不到，一方面就会对自己的孩子求全责备；另一方面，也会对自己是否是个成功的教师产生怀疑，会感到自己在学生、同事、领导面前抬不起头来，有时也会觉得当一个教师这样付出不值得。

孩子的"成才"有不同的标准，如果一定要孩子满足自己"想要的结果"，那么挫败感就会很容易产生了。如果能够肯定孩子每一次的坚持和不懈的努力，欣赏孩子每一次哪怕小小的成功，少说一点"你怎么只考了这么点，你天天上学究竟干了什么?!”,也许孩子对待学习的态度会有所改变。

“案例二”中,对孩子的学习有要求,是家长普遍的心态。如果恨不得孩子的所有时间都拿来学习,那就是家长对孩子的学习表现得过度焦虑了。教师从理论上都知道孩子需要全面发展,可是落到自己孩子的实际上,却很难做到给孩子一个宽松成长的环境。在这种焦虑背后,是对孩子的不信任。也许你什么都没说,但是,这样会给孩子带来怎样的压力?

“案例三”中,为什么觉得别人家的孩子不能管太多,不能说太深,不好意思不给面子,但是自己的孩子就可以不必有顾忌呢?教师和学生之间需要界限,父母与子女之间同样需要界限。以“为孩子好”的名义来管教孩子,如果越过一定的界限,就会对孩子造成伤害,也会对亲子关系造成伤害。

心理测试

1. 当孩子告诉你他的成绩考了班级倒数,你会:________
2. 你是学校的教学骨干,可是你的孩子却成绩平平,你会:________
3. 你对学生很温柔,你的孩子非常调皮,你会:________
4. 孩子告诉你他不想到学校上学了,你会:________
5. 阅读下面这首诗,谈谈你的感受:________

你的孩子不是你的孩子,
他们是生命渴望自身的儿女。
他们通过你出生,却并非来自于你,
虽然他们和你在一起,却不属于你。
给他们你的爱,而不是你的思想,
因为他们有自己的思想;
给他们的身体提供住房,但不要禁锢他们的心灵,
因为他们的心灵居住在明天的房间里,
你不能探访,甚至——在梦中都不行。
你可以努力将自己变得像他们,

却不要设法把他们变得像你，

因为生命不会后退，也不会停留在昨天。

你是发射孩子生命之箭的弓，

神弓手在无穷之路上瞄准目标，

他用神力折弯你，好让他的箭射得又快又远，

让你在神弓手掌中的弯折令他愉悦吧，

因为他既爱那飞着的箭，也爱那坚稳的弓。

——凯罗·纪伯伦

温馨建议

建立与子女的界限，你需要：

1. 懂得子女与你是不一样的人

子女与你有着不同的内心世界，他们有着与你不同的感受、观点、期待和渴望。

2. 知道子女的人生路需要由他们自己去走

你为子女规划的人生道路不一定是子女想要的，也不一定是适合子女的。作为教师的父母教育子女，是教育大范畴中一个较为特殊的领域，最熟悉的往往容易成为最陌生的，正是由于教师对自己子女爱得太深，而与子女的界限不清楚，极容易导致对自己子女伤得最深。

3. 掌握建立界限的方法

和子女建立界限，你需要做到下面这些：

能够说“不”，也接受孩子说“不”；

可以和孩子感情很亲密，却仍拥有自我感与跟人分开的自由；

要学会无条件地接纳孩子，爱孩子，即使孩子很多方面做得不够好；

尊重孩子和我们是不一样的个体，尊重孩子的选择；

让孩子有责任感：知道他们应该为什么负责，不必为什么负责，知道如何拒

绝和如何接受别人的拒绝；

尽可能让孩子为自己的行为担当后果；

说出你真正的需要；

允许自己失败，接受失败，不要逃避。

（吴　蓉）

在家与校之间的舞蹈
——教师工作与生活的冲突和平衡

● 为什么教师不是我的职业而是我的生活，因为我被工作绑架了，上班就是全部生活。

● 考试的名次与成绩是得到师长、领导、同仁认可的关键因素，而学生的反馈评价与行政同仁对教师的年终考评更是"一锤定音"，使自己活得很吃力。我睁开眼睛就想着学生的事情，生怕出了什么差错。

● 近来不知何故，我开始变得脆弱、多虑，老是担心教不好课程，担心教学质量上不去……总之，考不完的试，做不完的活，操不完的心，压得我透不过气来，整日心绪不宁，回到家就会发脾气。

每天在家与校之间奔忙，当你停下脚步的时候，你的心中会有这些念头出现吗？有时候忙碌让你感到充实，有时候也让你感到很疲惫。尤其是有些教师在忙碌的工作中无法顾及自己的家庭的时候，不禁怀疑自己所选择的职业，怀疑自己职业的价值，更怀疑自身的能力。

理论对话

工作和家庭是成人毕生发展中的两个重要领域。对于工作家庭之间的关系，人力资源管理领域提出了分割理论、补偿理论和溢出理论进行探讨。分割理论认为工作和家庭是两个独立分割的维度，个体可以清楚地将工作部分的感情、态度和行为与家庭部分分割开来，两个维度既不会相互影响也不会相互冲突；补偿理论认为工作和家庭之间的关系是负向的，在一个领域有所丧失，就会在另一个领域中投入更多以企图弥补；溢出理论则认为，尽管在工作和家庭之间存在着身体上的暂时分离，但在一个领域建立的情感、态度、技能和行为会带到另一个领域。这种溢出可以是积极的，也可以是消极的，消极的溢出即工作—家庭冲突。

工作—家庭冲突被定义为一种角色内冲突，是指当来自工作和家庭两方面的压力在某些方面出现难以调和的矛盾时，产生的一种角色交互冲突。也就是说，由于工作任务或者工作需要使得个体难以尽到对家庭的责任，或是因为家庭负担过重而影响工作任务的完成。前者称为工作—家庭冲突，后者称为家庭—工作冲突。在我国社会中，职业女性越来越多，女性不可能继续全面承担家庭任务，而男性势必也要不同程度地卷入家务当中。平衡工作和家庭两个角色的要求已经成为越来越多从业者的日常事务。国内已有部分研究对不同人群的工作—家庭冲突进行了考察，但对教师群体的关注还比较少，尤其是对面临基础教育课程改革挑战的中小学教师的关注更是匮乏。中学教师，尤其是那些在大城市工作的教师，生活节奏快，岗位竞争激烈，再加上工作强度大等，在这些因素的综合作用下，城市中学教师的工作与家庭的关系势必有其特点。

有人把教师工作—家庭冲突分为三种形式：(1)心理资源冲突，又包括时间冲突和紧张(或过劳)冲突。时间冲突指投入到工作(或家庭)领域中履行角色职能所需的时间使执行家庭(或工作)角色所提出的要求变得困难；紧张(或过劳)冲突指履行某个角色职能消耗了精力，使人感到精力衰竭从而产生精神紧张，一个角色所产生的紧张会影响另一个角色职能的履行。(2)情绪情感干扰，指履行某个角色职能时感受到了消极情绪，使人在履行另一个角色职能时受到情绪和情感上的消极影响，从而干扰另一个角色职能的履行。(3)行为方式冲突，指在这两个领域中各自理想的行为模式不相容，个体运用工作(或家庭)中的角色行为来处理家庭(或工作)中的问题而产生的冲突。工作—家庭冲突是社会压力下的产物，由于教师工作的特殊性，严重的工作—家庭冲突不仅影响教学效果和学生发展，还影响到教师自身的身心健康和生活质量。

案例展示

案例一

女儿常常对我说："妈妈,我真想做你的学生。你总是和学生在一起的时间多,和我在一起的时间少。晚上也难得陪我。不是改作业、备课,就是看书、打电脑。我总是被你遗忘在角落里。"我听了,心里酸酸的。可是又有什么办法呢?工作稍放松,学生成绩就会掉下来,成绩掉下来,老师也成了笨老师,谁受得了?提高学生的学习主动性吧,说起来容易做起来难,因为现在外界对学生的诱惑太多了。

案例二

我们夫妻俩都是教师,我同时在学校还担任中层的职务。平时工作比较忙,很少有时间关心儿子。所幸儿子上小学时成绩优秀,考进了市里最好的一所重点初中,但是我们家在另一所普通初中门口。我们夫妻商量决定把儿子送到靠近的普通初中上,因为没有时间接送孩子,再说也不需要交数目不小的集资费。儿子在这所普通学校学习一直很好,考上了省重点高中。但是进入高中后,他发现班上高手很多,学习的压力很大,而自己开始感觉力不从心,自己以前一直是领头羊,而现在只能中游偏上,心理压力很大,自己也有些泄气。

由于对儿子关心很少,我们认为儿子很好,一直没有让父母怎么操心,因此没有发现儿子面临的问题,没有及时给予帮助与引导。儿子高三的班主任说:"这个学生在我班上一年,我没有见过他父母什么样。"高考时孩子连二本分数线都没有达到。我们夫妻俩商量让儿子复读,因为我们觉得儿子的智力很好,有希望考进一所好点的大学。可是儿子插班复读没有多久,就对学习完全没有了兴趣,整天泡在网吧里。我们夫妻很着急,但是没有办法,手足无措,欲哭无泪。我们想,如果我们当中有个不是老师,孩子就不会是这个样子。

问题解析

调查显示,担任职务的教师知觉到的工作对家庭冲突程度显著高于未担任职务的教师。在众多的职业群体当中，无论从工作对象上、还是从工作性质上看，教师是一个特殊的职业群体。特别是中学教师面临学生中考、高考的巨大压力，从正常上课到早晚自习、节假日补课，都需要教师全身心的投入，工作负荷较大。而大多数担任职务的教师不仅要完成授课的任务，还需要履行自己所担任职务所赋予的职责，这样他们比普通教师要扮演更多的工作角色，所以他们知觉到工作对家庭干扰的程度高于未担任职务的教师。这样的情况下，教师对子女的教育投入精力较少，如果夫妻双方都处在这样的位置上，对孩子投入就更少，如果孩子学习不理想，就会感到愧疚。作为教师，还需要面对另一个压力来源，那就是人们常常把教师子女的成就与教师本人的教育教学水平联系在一起，认为如果子女学业失败，就是教师本人职业生涯的失败，"你连自己的孩子都教不好，怎能教好别人的孩子？"让教师更加产生挫败感。

❖ 心理测试

1. 列一张表格，把一天 24 小时的时间分配做个统计，看看你花在学校、工作和家庭的时间各有多少。

2. 你对自己的时间分配满意吗？如果满意，满意在哪里？如果不满意，不满意在哪里？

3. 如果请你对自己的时间分配进行重新安排，会有哪些变化？

❖ 温馨建议

工作与家庭就像人的左腿和右腿，是人生的两个基本支点，如何在家与校之间寻找平衡呢？

1. 寻找工作的价值

以下这些项目，你觉得哪些方面在你的工作中可以得到？

工作价值项目
1. 有成就感
2. 独立自主，不受约束
3. 受人尊敬
4. 发挥教导、管理他人的能力
5. 丰富的收入
6. 生活安定有保障
7. 良好舒适的工作环境
8. 与领导平等且融洽相处
9. 与志同道合的伙伴一起工作
10. 能选择自己喜爱的生活方式
11. 工作富有变化、不单调

工作给予我们的，不只是物质上的满足与奖赏。我们要看到自己的职业带来的多方面价值：经济、游戏、情感、成就感等，其核心是生命价值。在工作中，我们面临压力，也在应对压力中不断成长。

2. 不要替别人承担责任

哪怕这个别人是你的学生，也不要替代他承担责任，你需要做的是教会他自己对自己的事情负责。

一个学生家长来找老师："我的孩子常常忘记今天的作业，能不能麻烦老师，每天把作业发到我的邮箱里，我好督促孩子完成作业。"你该如何回答？

3. 计划好在家与在校之间的时间

记录你现在一天的时间安排，如果你觉得花在工作上的时间太多，而陪伴家人的时间太少，你需要重新做时间分配，对超额的工作你要学会说"不"。假如你因为"需要那份工作"，或是因为怕被领导误解，而做了太多不是你分内的工作，那么你自己也有问题了。假如你工作的时间超过你所能接受的，你就被你的工作捆绑住了，你就成为工作的奴隶，迟早会感到枯竭，抱怨工作负担太重而不想工作。

拒绝分外的工作，这听起来似乎很难，可是，你必须为你自己负责，采取行动来改变情况。以下是一些推荐的步骤，你或许可以考虑看看：

在你的工作上设限，决定你愿意超时工作多少时间。

把你这段时间需要完成的工作明列出来，然后指出哪些不是你分内的工作。

不管你怎么做，记住，工作超量是你自己的责任，也是你自己的问题。假如你的工作让你不胜负荷，快要把你逼疯了，你无法承担对家庭的责任，你需要采取行动，正视问题。不要再让自己处于受害者的地位。

4. 把自己要做的事情列出来，标明优先级别

对不重要的事情，你要说不；对你不想尽全力去做的事，也说不。假如你能够在最重要的事情上尽你所能，你将可以达到你的目标。

此外，你还要好好计划如何完成那些最重要的事情，而且在你的工作上设立一些围墙。了解你的极限，不要让你的工作控制你的生活。有了界线就可以帮你事先设下优先次序。假如你一个礼拜就只能花某个固定的时间在工作上，你就会好好利用那几个小时；假如你以为你有无限的时间可以使用，你可能会答应去做每件事。对最重要的说好；有时，你必须向一些次重要的说不。

5. 不把工作压力带回家

我们必须在个人的问题上有良好的界限，并使个人的问题远离工作场所。同样地，我们也必须在工作上设立一些界限，而不要把那些问题带回家去。这通常包括两个部分：

第一个部分是情感上的。工作上的冲突一定要处理与解决，不要让它们影响到你的家庭生活。确定你了解你工作上的问题，正视它们，不要让你的工作在情感上控制你的生活。了解为什么某个同事老是让你很不舒服，为什么你的领导会控制你其他的生活。了解为什么你工作上的成功或失败总会影响你感情的起伏。这些重要问题都必须好好解决，否则你的工作会捆绑你、奴役你。

第二个部分是在时间、精力或其他资源上设限。确定你的工作——是不可能做完的——不会侵犯你个人的生活，影响你的人际关系或其他重要的事情。

对那些要花更多时间的任务设下界限，而且确定工作上的超时加班不会变成习惯，使自己有更多时间与家人在一起。所以，了解你的界限在哪里，然后在那些范围内生活。

（吴　蓉）

感恩与回报——教师与父母

哲学家詹姆斯曾经说过:“人性最深的期盼就是受人感激。”不可否认,被人感激是可以令自己有成就感和意义感的。随着感恩这一认知的发展,就会出现回报这一念头并付诸于行动,所以当我们谈到感恩就不可能回避回报。

感恩其实是一个人与生俱来的本性,是一个人不可磨灭的良知,是一种为人处世的哲学,是一种工作与生活的态度,更是人类的一种大智慧!

世界上有两种人最容易获得人们的感恩:父母和教师。

- 我们常常会听到人们如何感谢师恩,教师是个会经常领略到感恩的职业,几乎每个教师都会有被学生和家长感恩的体验和经历。
- 同样,我们也不断地听到和看到人们如何感恩父母,有太多的俗语在描述着这些故事:“慈母手中线,游子身上衣。”“养儿方知父母恩。”

教师也有父母。那么,在这两个常被感恩的角色中,作为教师的人群对感恩父母是如何看待,并进行回报的呢?教师的父母有着如何被感恩和回报的体验呢?

理论对话

教师对“感恩父母”的认知

根据一次对教师的“‘感恩父母’语词联想”的心理投射调查,教师对“当你看到或者想到‘感恩自己的父母’这样的语词时,你立刻会有什么感觉,或者联想到什么?”这个问题的回答,呈现如下顺序:理解、愧疚、遗憾、责任、感恩、配合、陪伴、生命、亏欠、伟大、报答。

而换个维度分析，我们则可以获得这样的信息：

自我感知：感恩、愧疚、弥补、宽容、鼓励、言传身教、生命、养育、亲切、思恋、爱、遗憾、亏欠、困惑、为难、榜样、真挚、理解、理所应当、牵挂、付出、温暖、回忆；

道德评价：责任、孝道、人性、师德；

他评层面：模范、以身作责、孝顺、尊敬、爱心、无私、任劳任怨、伟大；

行为层面：配合、陪伴、报答、心疼、榜样、相互、应该、沟通。

从教师"感恩父母"语词联想的内容进一步分析，我们看到，他们感恩父母的内容主要是：感谢父母对自己的理解、宽容、鼓励、言传身教，也感谢父母给了自己生命、养育。在理智层面，他们加入的教育分析评价的元素是，他们知道感恩父母是作为社会人的义务和责任，而父母教养孩子中最打动他们心弦的是榜样示范和不求回报。由此引发的"回报不足"的感受主要体现在，遗憾不能常回家看看；想起爸爸妈妈，愧疚不能陪伴；或者没有多些时间陪父母。

不难看出，教师职业的人对父母的感恩有很多教育者身份的觉察在其中，会更加理智。

从家长与学生感恩中获得感恩父母启发的教师群体也存在个体差异性

如果对感恩这个命题深入分析，我们能够进一步发现，虽然他们几乎一直可以不断地体验着被感恩的角色，但几乎所有的教师除了愉悦感之外，都已经"脱敏"了、习惯了。教师群体并没有因为受到学生家长的感恩而对自己的感恩之心有更多的激发。

1. 有的教师认为这样的感恩没有必要，因为教师对学生好是责任和义务，也有教师认为家长、学生也许是在恭维自己。这类教师对学生和家长们表达出的感恩不是很信任，实际上潜在的可能是自我价值的困惑，或者自己的内心觉得这些都不值得感恩，是自己的责任与义务。

2. 有的教师认为感恩是应该的，最常见的话就是："我为学生付出这么多，他对我有感恩之心，是有道德、懂事的标志。"

在这里我们看到了"应该"。持有这类观点的老师是难以在这种角色中获得更多的感恩体验的。“应该”是非常理智的一种表现，这样的感受从哪里获得并得以发展？追溯到最后，发现还是教师本身的原生家庭。从前面的分析中我们知道，“超理智”是四种导致不一致沟通的姿态之一，知识分子层面的人会比较多地使用这一应对方式，而这样的沟通姿态最大的可能是从自己的原生家庭中复制而来。他们过于重视自己，导致忽略他人和事件本身。这类教师即使不断获得学生和家长的感恩，也很难激发他们感恩父母之心。

3. 也有一些教师感谢家长和学生对自己的感恩，从中体验到快乐和成就，并在接纳感恩的同时，也感恩学生和家长对自己付出的认可。这类教师可以从自己和他人两个维度对这样的评价进行觉察，他们人性观中的人本色彩很浓郁，并且很会把感恩与回报紧密结合。

❖ 案例展示

案例一

曾经做过一个30岁女教师咨询的个案，她的困惑就来源于“应该”：

我很不快乐，在家庭中我知道公婆帮我带孩子，我应该感激他们，可是我不仅没有这样的感恩之心，还觉得很难受，因为我累了一天回家，当喊丈夫洗碗的时候，他们马上就帮丈夫把碗洗好了，而如果是我在洗碗的话，他们绝对不会来帮我，他们没有把我当做女儿看待，心中只有他的儿子，太不公平了，我也喊他们爸爸妈妈呀！

案例二

35岁的我，作为教师在班级中常对学生进行孝道的教育，但是我自己却一直很恨我的父母。一直到一年前我才开始改变，并开始从内心感激我的父母了，然后我发现我幸福了很多。

我在家里排行老三，前面有一个姐姐和一个哥哥，因为计划生育的原因，我的妈妈决定我一出生就送人。我还没有出生就已经被决定了不被自己的父母接纳。结果原来决定收养的家庭临时改变了主意，我在被送走三天后又被送回了这个家庭，我们的父母因此只好带着我们三姐弟离开了家乡在城市打工，他们告诉别人我是他们的侄女。

我就是在身份不被认可的状态中长大。我努力学习让自己做得比哥哥姐姐还要优秀，就是想让父母在外人面前承认我是他们的孩子。然而这是个不能实现的梦想。我心中有太多的恨，甚至会嫉妒我的哥哥和姐姐，为什么他们不是在我之后出生的。

直到我看了一则报道，有个天生兔唇、被抛弃在孤儿院门口的孩子在接受慈善捐助手术后，一路成长为一个享誉全国的、优秀的儿童面部整形医师。那个整形师在颁奖典礼上的第一句话就是感谢父母生育了自己，让自己可以在一张白纸上书写自己的人生答卷。我被深深地震撼了。是的，虽然被抛弃，但父母给予了最珍贵的生命，而这是一切的源泉，基于此仍需感恩父母。

我决定放过自己的心结，不再执着于他们"应该"承认我的身份，而是换了思路，今天我的成就最初的源头是他们生了我。当我决定放过自己的时候，我发现自己的思维拓宽了，我发现我跟那位孤儿比起来要幸福太多了，因为我起码一直跟亲人生活在一起。我惊奇地发现自己竟然可以看到以前被恨掩盖的另外一些东西，那就是父母亲情，我看到了他们为了我的付出，我看到了除了身份之外全家人给予我的深切的爱。而这些在以前我是没有办法感受到的。

问题解析

分析"案例一"，很能够理解这位女老师的委屈，在众多的家庭中，这样的情景是在反复演绎的，我们不可否认她的感受的真实性。让她提高幸福感，获得快乐公平体验的关键在哪里呢？我可以猜想出，如果我们跟她说"你不应该要求公婆像自己的父母一样"，是很难帮到她的。她困惑于"应该"，你对应"不应该"，只会让她陷入更深的困惑中。

我们常常思考，如果心中的那个"应该"没有了，认知会发生什么改变？"案例二”中那位教师说的故事，让我们有种豁然开朗的感觉。世上抛弃孩子、不承认孩子的父母，如果从“应该”的层面上，无疑他们是应该受到谴责的。但“案例二”启发我们换一种角度去看待人生的失意与不幸，怀着感恩的心生活，生活将赐予你灿烂的阳光。活在世上，我们学会了感恩，才会更多地体会到幸福和快乐。而抛弃某些“应该”可以让我们豁然开朗。

我们可以允许自己有生气、委屈等情绪，那是我们真实的感受。但是，在接纳、面对自己情绪的基础上，更要以适当的方式管理和转化我们的情绪，如去跟朋友宣泄、听音乐、运动……如果我们不再执着于“公婆应该一视同仁地对待我跟丈夫”的想法，而是接纳“我与公婆原本就没有血缘关系”“他们的确不是我的亲生父母”的观念，也许就会感恩公婆的辛劳，个体幸福感会有一个不一样的改变。因为感动是人生的润滑剂。

温馨建议

感恩与回报是紧密相连的

1. 我们对父母的回报可以是多元的

教师是最善于学习的人群之一，当我们决定对父母做出回报的时候，并不是因为我们的职业要求自己，而是作为人的基本的内在良知、作为子女的深切的爱心在要求自己。在教书育人的过程中，常常会有一些场景触动自己的感恩父母的情怀，使得自己有更多的机会学习如何有效地回报父母。长期与学生打交道，所以教师们能够体会，回报父母可以用物质、行动和语言相互交替的形式，这样可以更好地满足父母被关怀的需求。

有位近 50 岁的教师，父母已经离世多年，当他谈到这个话题总有很深的遗憾。

他是一位西部山区走出来的农民的儿子，当年他是那个村子里唯一的大学生。当他回忆到自己小时候父母总是要担心 3 天后全家有没有饭吃的日子时，总是那么的怅然。他对父亲最深刻的印象就是常常看见父亲把家中的一点米拿到火车站旁的集市上换山芋干，虽然山芋干不如米好吃，但是1斤米可以换5斤山芋干，可以让家里的人少挨饿。他遗憾地说道："现在我可以让他们再也不用担心饿肚子，让他们过上衣食无忧的好日子，可是他们却都已不在人世。"

听着他的故事和遗憾，我们也有着深深的同感。不同的年龄对回报父母有着不同的想法。下面是一位32岁刚刚生了宝宝的年轻教师关于回报父母的认识：

在生孩子后，自己对父母这一含义的阐释有了很大的变化，现在对父母能够更加理解了，特别是孩子生病时自己那么焦虑地带孩子看病，事后想到自己的父母当年也是这样走过来的，心里对父母充满着爱。

回报父母的养育之恩是做人的基本品质，绝不仅仅是教师要这样。现在父母都帮着我带孩子呢。感恩是一直有的，但是我觉得回报做得很少很少，如果要算回报的话，就是过年过节的时候给父母买点礼物，下班回家陪刚刚退休的父母聊天。从他们的态度上看，好像目前也挺满足的。

2. 教师父母需要的回报

一位教师75岁的母亲被问道"你儿子怎么做你会觉得很开心和幸福"的时候，她回答："打个电话让我知道他身体好，工作一切都顺利，家庭和睦的时候，我就很满足，我牵挂的一颗心就放下了。如果还能够经常看到他就更加好了。"母爱无边、父爱无垠可能就是这样的境界吧！

我们无法知道每一个父母的答案，但是我们知道很多人对此问题是有相同回答的。这些回答，让我们看到了回报父母的方向，那就是认真做好自己的事情，并及时向父母通报。

（王天文）

“别样”生活也精彩
——单亲(身)或再婚的教师家庭

● 面对新婚夫妻,我们在祝福一个新家庭诞生的时候,出现频率最高的祝福词是“天长地久”“白头偕老”“永浴爱河”。但是人生无常,我们有时不得不面对一些我们不愿意面对的情境。家庭也如是。家庭如人一样也有生命,有诞生、成长,也会遇到疾病,甚至出现残缺和解体。

● 教师的职业特色,使得他们对自己家庭的丧失有着独特的压力和认知。但事物总是有着两面性,也正是教师的职业特质,使得面对这一境遇的教师个体在优秀的学习力和行动力的引导下,有着较为快速和良好的应对策略,使得他们中的很多人可以较为顺利地走出困境,甚至可以享受着“别样而精彩”的生活。

理论对话

一般当我们定义家庭角色缺失的时候,最多的是家庭中配偶离异或者丧失,少数时候是孩子丧失。很多人已经可以毫无争议地同意“家庭是个系统”这样的理论界定了。面对丧失,家庭系统一定会出现不同程度的滞怠。作为教师,面临家庭丧失时,除了会遇到其他职业人群都有的常规压力之外,也会有因为教师职业带来的独特的压力部分。

1. 社会生存压力

一是物质上的压力,如收入、住房、房贷、子女抚养费等。

二是精神上的压力,这部分压力有他人和自我两个维度。

从他人的角度看：离异的人要承受来自邻里的闲言碎语。人们总是会不自觉地对其有否定层面的理解，总是认为双方都有错误才离婚。

从自己的角度看：丧亲的家庭往往会有怨天尤人的情绪或深切的哀伤之情。

此外，离异家庭的成员有不少还会出现对自己的自我价值体系的质疑。一场在众人看来"失败的婚姻"，往往带给当事人的也会是"我做人很失败"的感觉。

2. 心理压力

离异和亲人丧失给个体带来的创伤是巨大的，当事人如果能有效处理哀伤情绪，那么可以比较快地渡过创伤急性期。如果自我调适不及时，则比其他群体更容易患抑郁、失眠、偏激甚至心脏病等身心疾病。

3. 职业带来的独特压力

教师的离异不可避免地会使家长、学生在一定程度上质疑教师的职业能力，从某种程度上说，我们很难阻止家长这样看待离婚的当事人，但这对离异教师本人而言无疑被加重了压力。

另一个典型的例子是，教师的婚姻，追求者往往追求的是教师的职业而非教师本人。"她是个老师，孩子的教育以后都交给她了，我不烦了"，正是这一心态的典型反映。在这里，教师的心理创伤在于婚姻结合元素不是本人而是职业。

温馨建议

1. 学会与过去说"再见"

与过去说"再见"的过程，就是对失去的人和事哀伤完结的过程。人们在丧失后，心理反应会经历不同的阶段，我们需要因应哀伤的阶段和过程，照顾好自己。

当悲痛、愤怒、抑郁等情绪渐渐成为过往，我们可以将对这段痛苦经历的感悟整合进自己的人生经验中，然后重新整装出发，走向更好的明天。

2. 从内心允许"我可以与众不同"

随着人类社会的发展，家庭也越来越呈现出多样化的特点，适合自己的就是好的。

教师群体是善于学习并能及时改变自己行为的人群。教师的反思力、行动力都很强。因此教师在面临这样的创伤的时候，他们应该比其他社会职业群体更加容易觉察，并适时调整改善自己。

埋怨境遇不公和自信受损是单亲家庭成员最常见的阻碍其发展的认知元素，自信来源于客观的、积极正向的自我认知和成就体验。离异教师自己如果能够从前一段婚姻中，客观地看到自己的和家庭关系的是与非，那么对当事人而言会有更多的积极意义。

李老师今年 34 岁，之前有一段失败的婚姻。幸运的是他在一个人漂泊了几年后又找到了自己的另一半。他在新的婚姻生活中把前一段婚姻中的得失进行了总结、修正：他放下了过多的指责，自己承担起更多责任，更多地接纳配偶的原生家庭……正是因为在前次失败婚姻中的学习和成长，他为自己这段新的婚姻生活奠定下和谐美满的基础。

小李这样的教师，把教师职业带给他的丰沛学习力展示得淋漓尽致，并从中获得了极大的益处。当他不再纠结于自己的“与众不同”的时候，他在婚姻这一双人舞蹈中，学会了家庭互动关系的建立，对家庭规则有了更多的理解，他得到了幸福。

也有教师，在遭遇到突然丧偶的打击后，几经调整，看清自己的内在需要，做出独居的选择，并在其中找到了平衡点。

3. “别样”生活也精彩

有人说，婚姻就像一双鞋，大小自知，的确如此。教师也是人，也需要在家庭关系中学习和成长，在这一过程中出现偏差也是正常的情况。但是教师可以利用自己的职业优势，让自己更快、更好地学习如何建立良好的互动的家庭关系。

家庭可以是温暖的港湾，也可以是暴风骤雨的发源地。每个健康的家庭都有自己良好的互动、反馈系统，婚姻中的人总是在一个一个的矛盾中学习如何有效地沟通，并调整和改变原生家庭中带来的、不适合新家庭的沟通姿态。只是在这过程中，有人学得快，有人学得慢，有人则需要换舞伴。

这就是生活本身。无论遇到多大的困境和变故，只要我们自己不放弃对生活的追求，就没有任何人或者事可以放弃我们自己。当有这份觉察的时候，我们会更多地感谢生活的丰富多彩，而不是埋怨生活对自己的不公；只是告诉自己，变动的家庭系统可以使得我们领略生活的多种体验。即使面对亲人的丧失，我们也会接受命运的这种安排，体会到与他在一起的家庭生活虽然短暂但是浓烈，会让那段存在过的家庭永生在我们自己的人生经历中。酸甜苦辣都是人生，这样就很值得我们给自己一个感谢了。

（王天文）

第四部分

事业成就篇

新手上路，请多关照——积极暗示，胜券在握

● 初为人师，成为一名“新教师”，兴奋、新奇的同时，你的心中难免涌现出诸多困惑、忐忑和不安吧？刚刚走出大学校园的你，又进入那曾经熟悉的中学校园，虽然学校还是那个学校，可是学校里的学生已经今非昔比，再也不是自己当初就读时的那一群乖乖宝，老师说什么就做什么了。这些都该如何去面对？

● 从学生到教师，角色一时难以顺利转换；和同事，如何和谐相处？对领导，又如何去应对？一系列的问题涌上心头，摆上桌面，不得不去考虑。

新手上路，你一定希望有人给你指条明路，给你支个招，那我们就先来讨论两个重要的概念：潜意识和暗示。

理论对话

奇妙的潜意识

在现代文明社会里，首要的事情是正确理解和运用人类最为重要的天赋——潜意识。潜意识无处不在，每个旮旯、每个缝隙、整个时空之内都有它的身影。在人类意识中，潜意识是最为奇妙的，它存在于我们所知世界的每一个角落，它会使人类无所不能。让我们先看一个非常简单的例子，这就足以让人认识潜意识的显著特性。你试想过有一天夜晚，入睡前打算在第二天清晨的某一特定时间醒来吗？这个时间可能与你平日起床的时间完全不同，但事实上，无论你想几点起，第二天你都会准点醒来。也许是 2 点、3 点、4 点、5 点、6 点或其他任何时间，十有八九你会在设定的时间睁开眼睛。潜意识是通向任何事物的，当然它必须在适当的引导之下进行。如果你希

望第二天清晨5点钟准时醒来，尽管你并不习惯于在这个时间起床，但你的意识会发出强烈的暗示，潜意识则接受了这种暗示，结果是，即便没有什么明显的或外在的原因，你也会恰恰在那一时刻结束睡眠。你没必要掏出手表说："从现在开始，8个小时后将是标准时间5点——我要在5点起床。"这样做是完全没有必要的。无论2小时还是5小时、8分钟还是800分钟，都没有任何区别，在设定的时间，你肯定会醒来的。你可以停下来仔细想一下，这到底是怎么一回事儿。你肯定可以在指定的时间醒来，结果就是这样！①

暗示

这就是神奇的潜意识，我们往往利用潜意识来进行暗示，有自己对自己的暗示，也有别人对我们的暗示。所谓暗示，是指一个人在不知不觉中接受他人语言和行为影响所产生的"认同"的心理过程。暗示有积极消极之分，凡使人增加力量、勇气、快乐和信心的是积极暗示，反之则是消极暗示。

举个例子来说吧。

简单地吩咐孩子："快去睡觉！""闭上眼睛！"往往并不见效，有时反倒使孩子更加兴奋。这时，你不妨在被窝里给孩子讲故事："有一天，小鸭子要出去玩。妈妈对他说别的小朋友都睡觉了。小鸭子不听，走到河边一看，鱼都睡觉了。走到树林一看，小狗都睡了。走到田野里，小鸡都睡觉了。睡觉了，睡觉了，他们都睡觉了，他们都把眼睛闭上了。小鸭子想，妈妈说得对，我也想睡觉了。于是，他……"在讲故事的时候，注意用一种单调的疲倦的声音，同时不断地重复"睡觉了""闭眼了"等，声音逐渐逐渐减弱，最后若有若无。你在讲故事的同时闭上眼睛，并不住地打呵欠。试一下吧，灵验得很！

美国田纳西州有一座工厂，许多工人都是从附近农村招募的。这些工人由于不习惯在车间里工作，总觉得车间里的空气太少，因而顾虑重重，工作效率自

① [美]大卫·布什：《做自己的心理治疗师：利用积极的暗示与自我暗示掌控生活》（由锋，吕宪栋译），中国发展出版社，2007年版。

然降低。后来厂方在窗户上系了一条条轻薄的绸巾，这些绸巾不断飘动着，暗示着空气正从窗户里涌进来。工人们由此去除了“心病”，工作效率随之提高。

暗示不仅对人们的心理或行为发生影响，还会引起人们的生理变化。在实验室里，反复给被实验者喝大量的糖水，经过检验，可以发现其血糖增高，出现糖尿并且尿量增多等生理变化。后来，不给糖水，实验者用语言暗示，同样会发生上述生理变化。这一实验表明，语言暗示可以代替实物，给人脑以兴奋的刺激，虽然被实验者并未喝糖水，但人脑仍然参加了体内糖的代谢活动。人们常讲的“望梅止渴”，也是由于暗示的积极影响。

有人曾经做过“人工印记”的实验。用邮票大小的湿纸片贴到被试者的皮肤上，告诉他说，贴上之后这块皮肤就会发烧。不一会儿，揭去纸片，皮肤果然变红了。还有人将一块金属硬币放到暗示者的手臂上，暗示说这块硬币刚在火上烤过，会把皮肤烫起泡来。没过多久，硬币下面果真“烫”起了水泡，呈现了二度烧伤痕迹。

许多生机勃勃的人，一旦知道自己患了某种疾病后（特别是“不治之症”，如癌症等），立刻精神萎靡不振、卧床不起、不思饮食，病情迅速加重，甚至在短时期内死去，其中很大部分原因就是由于心理暗示的缘故。瑞典有一位老妇人只是患了感冒，但由于教堂牧师在一天内探望了她三次，因而怀疑自己是患了绝症。几天以后，她便因精神崩溃而去世。读者，你会探望、护理病人吗？请千万不要在脸上扮出悲天悯人的表情！

暗示有积极意义，也有消极意义。当孩子参加高考时，父母总是叮咛“千万不要紧张”；当孩子学习成绩不好时，父母总斥责他“笨得不行”；当孩子挑食时，父母当着孩子的面诉说“他不吃白菜”；当孩子尿床时，父母总是为他辩护“他憋不住尿”……这些都能助长某些不良的倾向。重复暗示能引起对方形成相应的心理定向，产生与父母愿望相反的效果。

所以说，在运用暗示的时候要多运用积极暗示来帮助自己，这样才能摆脱困境，胜券在握！我们都知道，暗示分为自我暗示和他人暗示，我们在寻找积极暗示的过程中既要注重对自己进行积极暗示，也要注意寻找他人的积极暗示。

案例展示

杨老师是刚从师范院校毕业的研究生，今年通过重重考核杀出重围，最终成为这所高中的新教师。刚到学校报到的第一天，他心里充满了忐忑，虽然实习时也上过一些课，但这毕竟是自己第一天正式上班。杨老师表面看起来一脸平静，内心还是波澜起伏的。

刚刚接手了一个新班级，班上都是陌生的面孔，同事也是不太熟悉的，杨老师不自觉地有种初来乍到、没有什么归属感的忐忑。也不知道这帮学生买不买自己的账，说实话自己还是一幅青涩的学生样，常常被年长的大人问道："还是大学生吧？上大一还是大二啊？这么小就当老师啦?！哎哟，带高中生啊？行不行哦?"每当这个时候，杨老师心里就一阵不快。按道理说夸自己年轻应该高兴才对，女孩子不都是希望自己青春常驻的吗？最好像演《新白娘子传奇》的赵雅芝一样，年过半百仍然貌美如花。可是杨老师就是高兴不起来，做老师的就要能够镇得住学生，可是自己呢？想到这里，杨老师用力摇了摇头，似乎这样就能甩掉这些念头。她缓了缓神，深吸了一口气，走进了教室。

话说上班半个多月了，跟同事、学生都慢慢熟悉起来，可是杨老师对于自己教的这门课却还是不太熟悉，每次上课之前都要备课好长时间，生怕自己教得不好。这样一来，每天都处于一种弦绷紧了的紧张状态，弄得自己睡觉也睡不踏实，早上起来有时候眼睛也是肿的，同事们都很关心地问她，她只好说晚上临睡前水喝多了。

虽然杨老师对工作很上心，可是学生们好像对她这个老师不怎么上心，也就开始几天收敛一点，最近上课时"叽叽喳喳"的声音不断，做什么的都有。上课讲话、做小动作、玩手机、玩 PSP……花样真是层出不穷。杨老师试着过去制止，去教育，可是收效甚微。每次上课几乎要花一半时间去讲纪律，这让她很是厌烦和头痛，弄得她这个新老师很是没有面子，甚至开始怀疑自己的教学能力。

偏偏这种情况下，有一次班主任在办公室里装作是不经意的样子说了句：

“你课上最近的纪律好像不怎么样啊，哦，是隔壁班的老师跟我聊天时说到的。对了，下星期年级组长还有校长都要来听你的课，你好好准备一下。”杨老师心里一惊：连隔壁班都吵到了，这声音有这么大啊！这下“鸭梨”可真够大的了哦！哦，还要被听课，这下不要睡觉了！

温馨建议

作为一个新教师，常常会面临比老教师更多的压力和困扰，这是一种正常情况，也是我们必须要去面对的，在这个时候我们更需要的是自己给自己加油打气，自己给自己一种积极的暗示。

因此，掌握积极暗示的方法，往往能够事半功倍。

1. 巧用“罗森塔尔效应”

1966 年心理学家罗森塔尔在一所小学中，对1～6年级的所有学生进行了智力测验。实验者告诉教师，该测验的成绩可以对一名学生未来在学业上是否会有成就做出预测。实际上，这个实验并不具备这种预测能力。接下来，每个班级的老师都得到了一份名单，上面记录着本班在该测验中得分最高的学生名单，以便于老师了解哪些学生日后有发展潜力。但真实的情况是，这些学生完全是随机地被抽取出来的，一年以后，这些学生的成绩明显提高，而且智商指数也有所改进。原因就在于，一方面，这些学生在心里总是这样告诉自己：我很与众不同，我是聪明的。老师在平时的教育中也倾注了更多的积极提示，并且表现出了更多的耐心和赏识。其实，积极的心理暗示是一种潜移默化的润物细无声的心理运动过程，当一个人总是不断地给自己这样打气，“我一定会是那个最棒的，我一定行”，他的心理运动就一定是正向的、积极的。当然，并不是说，今天我说行，明天就会立竿见影，积极的心理机制的确立需要有一个过程。拿破仑曾说过：“自我欣赏或自我赞美，其本质正是对自我成功的一种最直接的暗示。如果一个奋斗者不断地告诉自己：‘我是最优秀的，我一定会成功！’最后一定会在现实生活中结出无数颗能展示生命之美的果实。”

2. 善用“心理贬值法”

1981年美国心理学家苏尔茨提出“心理贬值法”，其含义是：把自己感到拘束、不快，或者难以进行的事情、因素、习惯等，在心理上降低其重要性和价值，从而达到缓解心理压力、舒缓情绪的作用。比如：杨老师被认为年纪轻，不能够胜任高中教师的工作，她心里很难过，但是长相就摆在那里，一时半会儿是无法改变的。她可以换一个角度想：能不能当好老师是靠实力的，能力才是最重要的，长相年轻并不一定就镇不住学生啊，这样其实更有亲和力呢！当你陷入失恋的痛苦而不能自拔时，不妨想一想，下一个一定是更优秀的。当你不慎把钱包弄丢了，就不妨告诉自己就当捐给更需要的人了。

3. 接纳自己的情绪

成功学专家卡耐基说，能接受最糟糕的情况就能在心理上让你发挥新的能力。人生低潮时，你可以转念一想：我都到了这地步了，还能坏到哪儿去，也许人生就此开始峰回路转了。很难期望我们的生活里所做的和所发生的事情都是自己喜欢的，或都是我们心甘情愿的，所以主动去做一些让自己感到愉快、惬意的事，就会变得格外重要。或许不需要想得太复杂，也不需要考虑太多，重要的是做完这件事之后，自己的心情就会变好，心中不再有负担。美国现代著名作家欧·亨利写过一篇短篇小说《最后一片叶子》，描写的是一位已患重病的不久于人世的姑娘，望着窗外深秋中那棵老树，心想，待到树上所有的叶子都落下的时候，就是自己生命走到尽头的时候，所以，她每天早上起床的第一件事就是看看窗外的那棵树。当树上只剩下最后一片叶子的时候，女孩神情沮丧，每天早晨最担心的就是看到最后的那片叶子已经落下。但直到第二年春天，那片叶子仍在，女孩心想，我的生命一定会强于严寒中的一片枯叶。靠着这种信念，女孩终于战胜了疾病，心怀感激地来到树下，这时她才发现，那片拯救自己生命的叶子是别人画上去的。[1]

（杜　静）

① 张春枝：《浅谈心理暗示的效应》，载《辽宁科技学院学报》2008年第4期。

所谓气场——自信可以修炼

● 为什么有些教师上课，秩序井然，却气氛活跃，而有些教师却是课堂乱糟糟？

● 为什么在教学内容大致相同的情况下，教学效果却有天壤之别？

● 为什么有的教师总是感觉力不从心，教学水平提不上去？

● 许多教师教了几年书，甚至几十年书，每当上公开课或被听课时，就会紧张到语无伦次、不知所措，影响了教学真实情况的表现，影响了教学质量。

什么样的教师能更好地调动学生积极性，更好地完成教学任务呢？我们不能不说到“气场”这个词。在任何时候，自信都是气场的核心，有些教师按别人推荐的教学模式来上课，可最后只是有其形而无其神，最终效果大打折扣。这里不是教学模式出了问题，而是气场的问题。“教学有法，教无定法”一度让有些教师无所适从，找不到努力的方向。其实，教师们除了要掌握理论知识来支持教学外，更要充实自己的心理能量，即气场。在教学内容方式大致一样的时候，教师气场是影响教学效果的重要因素。

“气场”一词，最初是神棍和气功大师们用来“忽悠”人的。现在常被职场人士用来表示一个人通过自己的性格、理念、成就和言行举止影响周边人群的能力。我们这里说的“气场”指的是后者。

一个人有气场，就是指这个人的能量在扩散、传递给周围的人。真正的教育，绝不仅仅是讲道理、传授知识，更不仅仅是开发孩子的智力，而是把自己精神的能量传递给学生，维护学生的心力，让他成为一个内心强大的人，一个能承担后果、能应对变故、能改善自身和环境的人。

古往今来，有数不尽的人制造过万人空巷的轰动场面。这些人里，有大师，有政客，更有演艺明星。这些人表达的内容、所持观点和立场相去甚远，但他们有一个共同的特点：拥有强大的气场。在这个气场里，受众就像共鸣音叉，大家一起歌唱舞蹈，有的甚至心甘情愿地献出财产甚至生命。

与他们不同，教师所传授的内容是正确的、有价值的，其中所蕴含的思想、方法可以帮助学生更好地认识、探索世界，完善自我。但正确的不一定是有趣的，就像营养丰富的不一定是好吃的。如果教师能拥有强大的气场，使学生学而不厌，乐以忘倦，不知一节课之将终，自然是功德无量。

作为一名教师，提升自己的气场是一种责任所在。看看生活中那些具有强大气场的人，我们不难发现，这些人无一例外都是自信的。同样一句话，由一个昂首挺胸自信满满的人说出来和由一个怯懦犹豫的人说出来，效果肯定是不一样的。强劲持久的气场建立在自信之上。一个人连自己都不相信，又怎么能让别人相信他呢？尤其作为一名教师，如果自己没有自信，怎么能取得学生的信任？怎么做学生的榜样？所以，在成为一名优秀老师的成长之路上，我们需要把提升自信纳入必修课的范围。

理论对话

我们生活中所说的自信，其实就是心理学中的自我效能感，这一概念是班杜拉最早提出的。所谓自我效能感（Self efficacy）是指个人肯定自己的一种信念，即“I can do”的信念。

班杜拉在他的动机理论中指出，人的行为受行为的结果因素与先行因素的影响。行为的结果因素就是通常所说的强化，但他关于强化的看法与传统的行为主义对强化的看法不同。他认为，在学习中没有强化也能获得有关的信息，形成新的行为。而强化能激发和维持行为的动机以控制和调节人的行为。因此，他认为行为出现的概率是强化的函数这种观点是不确切的，行为的出现不是由于随后的强化，而是由于人认识了行为与强化之间的依赖关系后对下一步强化的期望。他的“期望”概念也不同于传统的“期望”概念。传统的期望概念指的只是结果的期望，而他认为除了结果期望外，还有一种效能期望。结果期望指的是人对自己某种行为会导致某一结果的推测。如果人预测到某一特定行为将会导致特定的结果，那么这一行为就可能被激活和被选择。如果一个教师认为自己自信心的提高会提升自己的教学水平，那么，他就会为了提高自己的自信心而努力。效能期望指的则是人对自己能否进行某种行为的实施能力的推测或判断，即人对自己行为能力的推测。它意味着人是否确信自己能够成功地进行带来某一结果的行为。当人确信自己有能力进行某一活动，他就会产生高度的“自我效能感”，并会去进行那一活动。例如，一个教师不仅相信自己的自信与教学水平成正比，并且还相信自己通过努力是可以使自信心获得提高的，那么他才会去做出行动提高自信。

我们在为提升自信而努力之前，首先，要相信自己能够更加自信，更加有气场，相信自己会成为一名优秀的教师。大量的心理学研究都证明，自我效能感是可以通过后天努力而提升的，并且有很多有效的方法可以供教师们参考。教师应该是自信的使者，有自信的教师，才能教出自信的学生。所以，修炼自己的自信心是教师们义不容辞的责任。

温馨建议

1．成功电影练习①

人的神经系统无法区分一个真实的和一个栩栩如生的想象体验。当我们在头脑中想象自己在吃一颗酸柠檬时，我们会像真的吃它时一样流口水，同样，当我们回想一些幸福的记忆时，我们会重新创造出与之相联系的幸福感。

例如，在你即将上课之前，如果大脑中出现的都是自己看起来很紧张，忘记自己要说什么的画面，那么你内心就会产生恐惧感，你会感到不自在，害怕去讲课。但是，如果你想象的画面是一群友善的学生，你的讲解深深地吸引住他们，

① [英]保罗·麦肯纳：《立获自信》，湖南科学技术出版社，2009版。

你在这些全神贯注的学生面前侃侃而谈，那么你就会对自己的课充满信心。

初次练习之前请先阅读：

(1) 现在想象自己正在观看一部关于未来更为成功的你的电影。注意你未来的每个细节——你脸上的表情、你身体的姿势以及你眼中的光彩。

(2) 当电影在你眼前放映时，你可以看到你的过去以及尚未到来的成功时刻。坐下来好好享受这部电影吧！

(3) 当你准备好时，我希望你从座位上飘起来，进入到电影当中那个最成功的你。观其所见，听其所闻，体会那个成功的自我的感受。让画面色彩变得更鲜艳些，音响更加饱满些，感觉更加强烈些。

(4) 注意身体感觉最强烈的部分，然后给它上色。现在，把这种颜色从头到脚移到你身上，使它的亮度加倍，再加倍。

(5) 现在回到现实，确保自己尽可能多地保有那种令人愉快的自信感和成功感。

这部成功电影你想看多少遍就看多少遍，但一定要每天至少做一次，每次放映时你都可以将它任意改动，尽量让自己感觉最好。

2. 打开自信开关

这个练习可以只用一两分钟，但要每天坚持练习：

(1) 回忆一个你真正感到非常自信的时刻。现在完全回到那个时刻——见你所见，听你所听，体会当时那种美好的感觉。(如果无法想起这样一个时刻，就想象自己如果非常自信的话，生活会变得怎样的美好——如果你拥有自己所需的全部能力、体力和自信!)

(2) 当你渐渐进入那一时刻，便让记忆的色彩更加鲜艳，声音更加洪亮，感觉更加强烈。

(3) 当你体验到这些美好的感觉时，将任何一只手的拇指和中指挤压在一起。

(4) 仍然将拇指和中指挤压在一起，想象在未来 24 小时内即将发生的情形，你希望在那期间更加自信。想象一切都进行得非常顺利，完全按照你所希望的方式进行。看你想要看到的，听你想要听到的，体会这种感觉多么美好。

（5）坚持锻炼一段时间后，当你需要讲课或者感觉信心不足时，就可以利用这个开关，把拇指和中指挤压在一起，便会有种神奇的力量流过你的身体，使你自信满满，感觉良好。

3. 积极参与

心理学认为，紧张是人们从事某些活动时由于心理负担而造成的一种情绪变化。克服这种心理障碍的最佳方法之一，就是积极地参与到使自己紧张的各种活动之中，使自己逐渐适应这种活动氛围，减轻心理压力。特别是在教育改革实验的大潮下，教师更应积极参与学校及上级部门组织的各种教研活动，常听别人的课，常请别人听自己的课，锻炼自己的意志，而不是逃避退缩。

另外，要多与自信的人接触。在学校里，多和领导同事沟通，也可多找学生谈心，这样会增强自信，还会促进人际关系。在校外，如有机会可以和节目主持人、公务员、演讲家等其他经常在公共场合活动的人物接触和沟通，多参加各种社会活动，这样不仅能拓宽知识面，也能增强自信心。

4. 提高语言表达能力

教师如果能把课程内容或自己的理解清晰、明白地表达出来，那他内心一定具有明确的目标和坚定的信心，同时他充满信心的话语也会感染学生，吸引学生的注意力，让学生们信服。下面三个小技巧可以供您参考：

（1）说话时把声调放低，语速放慢，这样听起来平稳、和谐，也更显得魅力十足。

（2）运用腹腔呼吸，不要用胸腔来呼吸，这样声音才会有力。

（3）说话时配合一些手势，眼睛看着对方，并面带微笑，这样可以增强语言的感染力。

5. 学习

精深的学术造诣是气场的承重墙。强劲持久的气场建立在信服之上。而信服程度取决于气场主人的成就。

学习是一辈子的事，尤其是教师。所以我们更应该多读点书，多听听别人的课，多思考思考自己的教案。你会发现你的头脑越充实，你就越自信！只要每天晚上给自己留半个小时去阅读，你的自信心同样会有惊人的提高。

心理测试

自信测试①

以下12个句子是关于你平时对自己的一般看法，请你根据你的实际情况（实际感受），对每一个陈述选择1～5进行打分，"1"表示你"完全不这样认为"，"5"表示你"完全认可这一说法"，得分越高，说明你越自信。

1. 我是个有价值的人。
2. 我和谁比都不差。
3. 我具有能让自己生活美满所必需的素质。
4. 当我看到镜子里的自己时，我感觉很好。
5. 我不觉得自己是一个失败的人。
6. 我可以自嘲。
7. 我很高兴成为自己。
8. 我喜欢自己，即使其他人排斥我。
9. 不管发生什么事情，我都爱自己，支持自己。
10. 我总体上对自己个人发展之路感到满意。
11. 我尊重自己。
12. 我宁愿做自己而不是任何其他人。

（郭　佳）

① [英]保罗·麦肯纳：《立获自信》，湖南科学技术出版社，2009年版。

面对委屈与无奈——宽容让内心更强大

● 教师有“七怕”：怕考试、怕安全事故、怕家长、怕学生、怕投诉、怕评比、怕教不好学生。这么多“怕”，归根结底是教师怕自己付出的努力和心血不被认可甚至遭遇误解。

● 现实生活中，尽管我们都在追求幸福，但感觉幸福的时候却非常少；尽管我们都想回避委屈，但感觉委屈的时候却非常多。

❖ 案例展示

案例一

一名“十分敬业的”小学数学教师，为了提高学生的成绩，在考试前竭尽全力向其他学科“要课”来复习数学，结果遭到学生的强烈反对。“就会要我们最喜欢的课！”“老师最坏了！”孩子的声音越来越大，而这名老师几乎成了罪人。老师感到特别委屈：“你们以为老师愿意讲啊，还不是为了你们好，明天就考试了。”“为了一节副课，孩子和我吵成这样，哭声一片，我不累吗？这几天上课、要课，还有批改不完的作业，那天我还累得有点发烧，嗓子疼得要拿着杯子讲话，我不苦吗？每天早上七点多一点就来到了学校，下午要到天黑才回去，就这样学生还不知道珍惜，当时我就觉得脑子一阵眩晕，眼泪刷的一下子就掉下来了……”①

案例二

余老师班上有一名学生从不做语文作业，与其家长多次联系也未见好转。

① 濮春霞：《孩子，老师的天空也下雨》http://www.njjks.cn/news_view.asp? id=6465。

临近期末总复习还是不做作业，余老师恨铁不成钢，用教鞭朝孩子腿上打了两下。傍晚，孩子父亲约余老师见个面。不料余老师刚到，该家长突然上前啪啪两记耳光，并从背后拿出一根木棍甩手就打，幸亏旁人及时挡住，余老师才幸免一顿痛打。自己的良苦用心却遭遇如此“回报”，余老师感到非常伤心。

案例三

上课了，一位教师推门进入教室，一个纸团恰巧打到了他的脸上，引起学生哄堂大笑。望着教师严肃的面孔，同学们又都紧张起来，其中一个学生红着脸低下了头，不时偷偷地看老师一眼。这时老师笑着说道：“同学们，刚才那位同学的枪法很好，以后成了神枪手，可不要忘了我这个活靶子哟！”教室里的气氛顿时轻松起来。随后老师又接着说：“不过，这是读书的地方，以后练绝技，不要在教室里练，好不好？”“好！”同学们异口同声地欢呼起来。①

理论对话

人的一生中充斥着各种冲突事件，虽然教师被冠以各种光环，但也是活生生的人，在遭遇不公正或体验到伤害时，也会产生各种紧张体验：恐惧、焦虑、愤怒、敌意、沮丧、无望等等。此时，人类社会惯常的逻辑要么是“寻求偿还”，要么是“寻求报复”，试图达到心理平衡，但对于一名教师来说，这往往并不能真正解决问题。面对上级的问责、家长的诘难、学生的刁难……寻求偿还以获得心理平衡是一件可望而不可及的事；寻求报复、以牙还牙，更是不利于自己开展教学工作。在这样的情况下，只有通过自我调节来使自己的内心变得更加强大。

宽容豁达的个性就是内心强大的表现，它是世界卫生组织（WHO）提出的心理健康标准之一。有研究发现，那些对别人有着宽容心态的人，不仅具有更良好的品性，而且有着更为健康的心理。有的人似乎生来就有着宽容的个性倾向，他们情绪稳定、富于同情心，在遇到冲突或伤害时，很容易做出自我调适。而有些

---

① 李春玲，张鸿燕，安铁岭等：《教师职业道德师范生用书》，人民文学出版社，2005 年版，第 62 页。

人却容易出现极端和不良的情绪反应，尤其是在遭遇到冒犯或者不公正对待时，容易产生强烈的受伤害体验，而不善于做出自我调整，以致对人对己做出攻击报复或者回避退缩的行为。

人的受伤害体验是一种主观感知。同样的事情，对有些人来说可能不算什么，也能轻松应对，比如像上面的第三个故事中的老师那样用幽默的话语加以化解，而对有些人来说却很"受伤"，难以从容应对。心理学研究表明，每个人都是我们自身知识的专家，我们可以通过掌握的信息去推论自己或他人的人格特质。据此有科学家把人分成两种类型：一类是"固存论者"，他们相信人的特质（智力、人格或道德品质）有一个固定的倾向，不容易改变；另一类是"发展论者"，他们相信人的那些特质是可塑的，是可以改变的。"发展论者"所持有的特质观更为灵活，他们更容易"审时度势"、具体问题具体分析，而"固存论者"则更容易陷在自己的既定思路或观念中，即所谓的"钻牛角尖"。那么当同样遇到冒犯或不公平对待时，"发展论者"就更可能从多角度去考虑受到的伤害以及所涉及的人际关系，从而做出有效的心理调整。这就是为什么有些人看上去天生像是"乐天派"，宽容豁达，而与之相反的有些人却能积累宿怨。即便是"固存论者"，拥有相对稳定的特质观，只要掌握方法，同样可以使冲突的解决更加有效。

温馨建议

1. 觉察自己的内心，正视负面情绪

在日复一日的教学工作中，你可能会积累很多的负面情绪：愤怒、恐惧、伤心、无助、怨恨、痛苦……渐渐地发现自己被关在了情绪牢笼中，因学生不理解自己的苦心而痛心、焦虑，因家长无理取闹而伤心，因学校领导责备或忽视的态度而无助，也因同事不解、同情或者嫉妒的眼神而恐惧……但是这些情绪又无法表达和宣泄出来，因为你头上戴着那个耀眼的光环——人类灵魂的工程师。于是你不知不觉中习惯了否认和压抑自己的感受，遇到事情不是觉察自己的内心感觉，而是为这些感觉辩护，归咎于外在原因。

最先要检视的是愤怒情绪。你需要问自己：面对这样的处境，我是不是生气了？用0～10分来评定的话，我的生气有几分？当然，伴随着生气，还会有其他的一些负面情绪：羞愧、自责、后悔、敌意等等，你也可以评估一下。

你也许不愿意承认自己很生气，因为这跟你形象不符合，也许不喜欢被刺痛的感觉，所以就会躲开它。你需要问自己：我是不是在试图逃避生气情绪？记住，不是你一个人会这样，心理学家发现，人们会采用一些心理防御机制来保护自己免于恐惧和焦虑，处理他们害怕去面对的感觉。

有时你无法接受自己的情感、想法，而将这些不被允许的欲望归于他人，这是你在用"投射"的心理防御机制保护自己。比如：当你勤勤恳恳管理班级，早出晚归检查督促，学生的成绩也保持在同级前列，校领导的表扬却轻描淡写，评优的名单上更没有自己，平时表现不怎么样的另一位老师倒是榜上有名，于是你联想到：有次自己的失误只有他知道，一定是他在领导面前"黑"了自己。上课铃声一响，你一进教室门却看到一副"混乱"的景象：有的学生大声讲话，有的学生还没有停止追逐打闹，课代表告诉你某某某作业没交……你立刻把这个某某某叫起来批评一通："我这么辛苦，你怎么还故意找茬，作业不好好做，还在班上影响其他同学学习，把班风都带坏了。"劳累了一天，回到家，一看自己孩子作业没做完又在偷偷玩游戏，爱人回家既没做饭也没管孩子，于是你开始数落他们，还发现他们凶巴巴地跟你对吵起来，你终于爆发了："我只不过说你们两句，干嘛这么大声跟我吵架！"看，你自己心里生气，却抱怨他人跟你过不去。看到家人没有顺你的意，把白天受到的委屈与怨恨一股脑儿都撒在他们身上，家人成了你的"出气筒"，你这是在用"置换"的防御机制保护自己。也许换一天，你不一定会有这么大的反应，你把心中的怒气"随身携带"，也深信每个人都在对你生气，因此他们为自己制造越来越多的麻烦。的确，人们常常会是这样的逻辑：我没有生气（否认），是你在生气（投射）！

渐渐地，你可能不再去纠缠自己的感受，你每天像陀螺一样按部就班地工作、生活，几点该干什么，分毫不差，却发现自己的生活索然无味，做什么事都提不起兴趣来。

是时候做些改变了，那就从现在开始：

● 承认并体验自己的感觉，接受它们。

● 不为这些感觉找借口，更不因为有这些不好的感觉而自责。

● 对自己的感觉负责，而不要求别人负责。这样对自己说："我感到生气、伤心，而不是他们整天惹我生气。"

● 不追究自己"为何"会有这样的感觉，不作理性的分析，只是去感受它们。

● 每个负面感觉都是因为缺乏"爱"，但这个"爱"最终必须从自己的内心萌生，而不是向外界苛求。告诉自己：外界或许愿意让我满意，或许不愿让我满意，这是别人的选择，我无法左右别人。

让自己的内心变得强大的第一步，恰恰是承认自己不够强大，而不是去假装强大，因此你需要做的是：承认自己的负面情绪、接受自己所有的感觉。

2. 接纳现状，对自己负责

你可能因为学生表现不好、家长责怪、同事不解、领导批评而感到受伤，甚至你都不知道为什么情绪低落，觉得全世界都跟你过不去；你也意识到做了一些对别人心理可能造成伤害的事情，感觉很懊恼，你回想起对学生的态度过于苛责，对家长的态度有些居高临下，对同事、领导的口气有些不敬……这些令你郁闷的事情一件件装在心头的"包袱"里，越塞越满，越积越多。这样的包袱越来越消耗你的生命，让你筋疲力尽，成为你人际关系中的一堵墙。

有时候我们不是故意要去躲避那些负面情绪，而是因为不敢正视它们。但实际上最佳的方法只有正视它们，只有这样，我们才能对它们有所了解。我们对自己的内心越了解，对自己的欲望和恐惧越了解，就越不受它们的控制。你可以试着这样做：

● 用笔在空白纸上写下你近期所做的让自己不太满意的事或觉得做错的事（注意：写下来比用脑子想更有必要，因为写下来是一个不同的加工过程）；

● 在心里读一读你所写下的清单；

● 对自己说：在当时的情况下，我已尽我所能做到最好了，我现在决定原谅自己，让自己解脱；

● 把刚才那份清单撕掉；

● 用笔在空白纸上写下你觉得委屈或伤心的事情，以及你觉得伤害了你的人；

● 在心里读一读你所写下的清单；

● 对自己说：无论外在的处境如何，我是我生活的主人，我为我现在的生活负责，我决定原谅生活对我所做的一切，这是我的自由选择；

● 同样把这份清单撕掉；

● 对自己说：现在我要开始没有负担的人生——我可以不必去承受这样的痛苦。

接受生活的现状，不浪费精力去渴望生活外在形式的改变，也不再寄希望于用别人的肯定和鼓励来作为自己改变的动机，而我自己有选择的自由，我对自己的生活负责，我们完全可以通过改变我们对事情的看法来减少或消除对生活中那些委屈和无奈的害怕、恐惧与焦虑。当我们对自己的生活负责，就不会把不适当的期待加在别人身上，或把不必要的重担揽在自己身上。

3. 放开视角，给故事多几种解释

每个人都是平等的，因此看待事物的角度就会有很多种，我们知道的只是其中一种而已，倾听别人，尊重他们的想法和经验，能帮助我们向更广大的真相开放。

心理学家概括了人们在遇到事情后容易自动产生的三类不合理信念："绝对化要求""以偏概全"和"极度悲观"（详见"本书第一部分"《在"夹缝"中求生存——冲突化解 ABC》）。这里的"不合理"并不是说你的想法或看法是"错"的，"不合理"的意思是这三类信念会导致人们倾向于产生消极的情绪，因此需要用更"合理"的信念去阻断这些"不合理"信念的自动产生。

在生活的某些方面，我们不是要去改变世界，甚至不是改变自己，而是改变对世界和对自己的认知。当认知改变了，情绪会跟着改变。认知心理学的理论认为，情绪的引发，不是事情本身，而是因为对事情的看法或是对自己的认知所导致的，我们对事件的想法会影响到我们的情绪。

你审视一下自己日常生活中有没有带着这些“不合理”的想法？如果你找到了，这是你开放视角的第一步，因为如果不跳出来看，你永远也不会知道自己有多“钻牛角尖”。当你找到了符合上述三种类别的想法，就要对自己的习惯性想法进行驳斥：

● 学生不愿意上我的课，就是不理解我的苦心，这是事实吗？还有其他什么可能？是不是因为这几个星期埋头复习迎考，太想上体育课轻松一下了。他们当众让我下不了台只是一时激动，也是因为平时我跟他们讲话有些“没大没小”，他们一时没有顾及我的感受，看到我哭，他们心里一定也不好受……

● 家长这么当众侮辱我，以后叫我怎么做人？家长一定是误会了，他这么对我，方式肯定是错的，人们一定是同情我的，需要跟他沟通。都像他这样不问青红皂白“护犊子”，对孩子的教育也是不利的。

● 家长去校长那儿投诉，就说明我真的是个很糟糕的老师吗？我以往的成绩和态度摆在那儿呢，校长一定会信任我的，表面上批评两句不能说明什么，只是为了向家长表明认真处理这事的态度，事后可以进行沟通。

● 这么恶作剧，真是漠视我的权威，我应该好好教训他！不过，还有别的可能吗？学生虽然冒犯了我，但还不至于很严重，他只是觉得那样做很好玩，想吸引别的同学注意，并不一定是想整我。

“即使情况没有改善，我就真的……吗?”“为什么这件事只能是这么糟糕、可怕的呢?”“虽然我不喜欢……，但是还不至于……”“虽然我……，但是我仍然……”“虽然这件事失败了，但是也没那么可怕。”当试着用这样的句式去改变原有的自动思维时，你会发现生活的故事远远多于你原来习惯的那种解释和可能，事实的真相也在你和他人的互动中变得更加丰满，这样的练习会让你从消极的情绪压迫中走出来，呼吸到新鲜的空气。

还有几个“小贴士”希望引起你的注意：

● 接受挫败感，把你的故事告诉一两个好朋友，这会让你更清楚地审视自己的情绪。

● 关注你的内心——这无关对错。提醒你自己，宽容能让你继续你的生活，降低焦虑。记住，活得好，就是对负面环境最好的“报复”。

● 当你想生气的时候，深深地吸气、呼气，这样可以避免你向别人或自己大发脾气。

● 重新叙述你的故事——虽然别人可能导致你的痛苦，但是否停留在痛苦中，则完全取决于你。

我们要问自己一个重要的问题，我们想让生活的哪个部分控制我们？想被消极的想法和情绪控制，让自己变得痛苦吗？还是让积极的想法和情绪控制我们，从而获得内心的自由、平和及快乐？那么，你完全有自由做出宽容的选择。

（陶琳瑾）

幸福的方向——学会积极关注

● 当教师幸福吗？

● 教师职业能给您带来幸福感吗？

曾有人向一些特级教师调查过这个问题。其中有些人回答：不幸福！教师职业作为培育人的职业，肩负着多么重要的责任，是多么受人敬仰的职业，然而，为什么有的教师没有了幸福感呢？如何才能找回本应属于教师的幸福感呢？

理论对话

曾经有心理学家对美国一所基督教会的修女们做过一项有关积极情绪的研究。1930 年，一位修道院长要求修女写出关于她们童年、所在学校、宗教体验以及为何加入修道院的自传回忆，这些回忆仅有几百字。肯塔基大学德博拉·丹纳、大卫·斯诺登和华莱士·佛瑞森三人阅读了这 180 名在 1917 年前出生的修女的文章，并对这些文章的情绪内容进行打分。打分的依据很简单，就是分别记录出现的积极词汇和消极词汇的个数。在做这项调查的时候，已经有大约 40% 的修女死去了，研究者发现积极情绪内容与寿命有非常显著的相关性。那些更快乐的修女（在写自传中前 25% 的修女）平均比那些不太快乐的修女（后 25% 的修女）要多活 10 年。我们知道一个人是否吸烟会产生大约 7 年左右寿命上的差异，但在这里却明显没有积极情绪和消极情绪的影响大。[①]

① 克里斯托弗·彼得森：《积极心理学》，群言出版社，2010 年版。

积极心理学发起人马丁·塞里格曼教授提出“乐观解释风格”的理论，认为人对事物的解释有两种，分别为“乐观解释风格”和“悲观解释风格”，“乐观解释风格”的人拥有更多的积极情绪。他认为乐观是一种解释风格，而不是一种普遍的人格特质。因此，悲观和乐观并不是天生的，都是可以通过学习获得的。

那些用悲观的眼光看待事物的人，习惯这样一种方式：找缺点，找不足。就像有的班主任在接手一个新班级后，一见这群学生，脑中就会先浮现这样的念头：“这个班的学生怎么这么没纪律？又是一个难管的班。”

那些用乐观眼光看事情的人，则习惯关注事物积极的一面。同样面对那个新班级，乐观的老师会想：“真是一群充满朝气的学生，他们的青春气息同样可以感染到我。”

当然，这里的乐观并不是无知的盲目乐观，而是把注意力集中在基于客观事实的积极美好的方面，并愿意多花精力去经营这些优点，这就是我们所说的积极关注，积极关注能使我们获得更多的积极情绪。任何事物都有它的正反面，然而生活中，很多人习惯于把注意力放在糟糕的一面，而忽略了其美好的一面。那么，我们怎么才能消除悲观的习惯，形成乐观的习惯呢？

首先，要在思维方式上作出改变。我们的大脑结构总是在变化的，每当我们学习新的知识或形成新的思维的时候，我们的大脑便会产生变化。所以，当我们的思维方式由消极变为积极的时候，我们的大脑结构也会有相应的改变，新的大脑结构将会使我们更善于关注生活中美好的一面，使我们身心更加健康。具体改变思维的方法，将在“温馨建议”中呈现给大家。

其次，是在行为上作出改变。生活中经常可以看见这样的情形：有些小孩本来不是很难过，可是一旦哭起来，就越哭越伤心。心理学中的认知失调理论告诉我们，人总是努力保持自己的态度与行为的一致。也就是说，当我们认为自己很不快乐（态度），却要强颜欢笑（行为）的时候，我们的态度和行为就不一致了，这时候我们就会主动作出改变，或者干脆认为自己是快乐的（态度），或者不再欢笑（行为）。由此可见，我们还可以通过改变行为，来达到态度和观念上的转变。

最后，是从改变情绪入手。当我们拥有积极情绪的时候，我们体内会有相应的生理反应，而这些生理反应又会影响我们的思维和行为。所以，我们在后面的建议中将给大家介绍有利于积极情绪产生的方法。

善于积极关注的老师不论是在教学水平、职业幸福感，还是遇到挫折时，都比那些只喜欢挑毛病、看缺点的老师有着更成功、更幸福的体验。

案例展示

同一所学校里的李老师和田老师

李老师回忆起他的一天，说道："满脑子都是学生们在课堂上聊天睡觉的情景，自己花了很多时间和精力来备课，结果，真正听课的学生没几个。晚上各班纪律成绩评比，我所带的班又被评为纪律最差班，我心里又急又气！现在的老师真是没法当了，每天都过得心力交瘁。首先说一下现在的学生，现在的孩子是温室中长大的一代，造就了极为敏感的性格。教师不能再像以前那样说一是一了，也不能再捧出严师出高徒的古训了，对他们必须是愉快教学、鼓励教学，甚至是哄着学、求着学。虽然体罚等棍棒教育的确很不应该，但现在很多情况是矫枉过正，应该管的也不敢管，不然一旦出现问题，教师能承担起这个责任吗？再说说考试吧，很多老师比学生还怕考试，为什么？考试结果一公布，其实就是评价老师的时候到了。小到小学的一次期中测试排名，大到高考升学率，哪样不是在考老师？我自从走上教师这个岗位就没遇到过什么高兴的事，都说做老师的会因为自己的职业而感到幸福，我觉得这是站着说话不腰疼，有本事你来试试这个受累不讨好的差事！"

田老师说起她的工作时，说道："在校园里，每天让自己快乐的理由和方法有很多。布置好一个整洁明亮的教室欣然笑笑，快乐！上一堂令自己和学生们满意的好课，高兴！看全班同学做了一次好作业，满足！帮助办公室的同事也是一种快乐，把生活的感悟与朋友们分享还是一种快乐。我发现，走近学生，会有意想不到的收获和快乐！走近学生，我会从他们那里学到很多，我会很快成为他们的死党和知音。我还发现，当我快乐的时候，我的学生们也是快乐的，我的学生们学习效率也会高很多，他们的成长又会给我带来新的快乐。我感谢生命给我机会去成为一名教师，我感谢我的学生让我成为一名幸福的教师。”

问题解析

作为一名教师，无疑要像李老师一样面临这些挑战与压力。然而，老师们，让我们再回顾一下我们的教学经历，一路走来，真的只有那些让我们头疼的事吗？对学生的管理的确与传统的管理不同了，但在这种与学生互动平等的教学环境中，你有没有感受到孩子们的活力与纯洁？考试的成绩的确是对老师教学水平的一个评价，但同时也让我们了解了自己的教学成果，了解了自己学生知识掌握的水平，这是不是一个优化我们教学结构的机会呢？

作为一名教师，我们也同样会有和田老师一样的经历，然而你注意到这些了吗？你在留意到生活中的美景吗？作为一个真正献身教育事业的教师完全可以从他的工作、学习、生活和研究中体验到巨大的幸福感受。然而有些教师为了能够使教学效率更高，往往把注意力都放在各种需要矫正改进的问题上，总是盯着学生的错误、教学的失误、制度的不足等等消极面，而忽视了教育事业中那些美好的片段。

这里有一个值得注意的问题是，把注意力放在问题与不足上，真的可以使我们获得成功、接近完美吗？答案是肯定的，的确有帮助，但这种做法不是最有效率的。积极心理学的学者们曾做过这样一个研究，他们找到世界各个领域里杰出的精英们，然后去研究这些精英们有什么共同之处，其中有一点就是：他们都是乐观主义者，他们很善于发现生活中积极的一面。把注意力放在积极的事物上，能够使我们在成功的过程中事半功倍。

老师们，在教书之外，你是否有心情在灯下静静地读你所喜爱的那本书，并将你的读书心得用恰当的方式传达给学生，让学生来分享你的文采和快乐？你是否注意到你的学生们正在关注你的一言一行，琢磨着给你起个什么可爱的绰号？你是否体会到每天相同的你或每天不同的你三年后对你的学子们影响有多大？在课外业余时间，你是否钻研过为什么有那么多同学喜欢电脑游戏？你是否在闲暇的时候与同学们一起聊天，聆听他们的心声和烦恼？你是否有过和同学们 PK 五子棋的经历？你是否有过分不清自己 QQ 中三个“张磊”两个“杨静”的尴尬？这些生活中的小幸福，你错过了吗？

温馨建议

1. 学会积极关注

准备一个日记本，每天让自己写一篇这样的日记：

今天，又是美好的一天，我从中收获了很多：

(1) 让我开心的事：

(2) 让我感动的事：

(3) 为学生或同事做的事：

(4) 比起昨天我的进步：

(5) 我要感谢的人和事：

这篇日记很好完成，每个单元后面你可以只写一句话，但一定把这五个单元都完成。只要每天花 15 分钟，坚持下来，这个看似简单的小日记会使你的幸福感大大提升，因为它能够改变你生活的关注点。在你写这个日记的过程中，你会在你的回忆里搜索各种开心的、感动的等等积极的事件，这个过程会使你注意到自己生活中的积极面。一个星期后，当你翻开你的日记本，会惊喜地发现，原来自己的生活如此丰富多彩，有这么多值得珍惜的事件。同时，由于你每天要写这样一个日记，你不仅会更关注生活中的积极事件，你还会在不知不觉中主动去创造各种积极事件。你会发现自己越来越宽容、越来越友善，脸上的笑容越来越多。随着积极思维的建立，你的事业也会在不知不觉中顺利起来。拿起笔来，开始你的第一篇日记吧！

2. 积极的自我暗示

正如我们在前文所讲过的，暗示是影响潜意识的一种最有效的方式。它超出人们自身的控制能力，指导着人们的心理、行为。心理学家对那些成就非凡的人做过很多研究，结果表明，他们都会进行积极的自我暗示，都能自己给自己增强信心，因此他们战胜了无数的困难，获得成功。

那么，作为教师，我们要怎样利用暗示的力量呢？首先，根据自己的情况设计你要自我暗示的内容，你的自我暗示内容里不要出现否定词，我们的潜意识是不接受否定词的。例如，我会和学生们相处得很愉快，我的教学水平一直在提高，我是一名优秀的教师，等等。接下来，你要做的就是在每天晚上睡觉前，和每天早晨醒来的时候对自己进行积极暗示，因为在将睡不睡和将醒未醒的时候，我们距离潜意识最近，这个时候的暗示是最有效的。

3. 改变从行动开始

美国心理学家霍特举过一个例子：有一天，友人弗雷德感到意气消沉，他通常应对情绪低落的办法是避不见人，直到这种心情消散为止。但这天他要和上司举行重要会议，所以决定装出一副快乐的表情。他在会议上装成心情愉快而又笑容可亲的样子，笑容可掬，谈笑风生。不久，他惊奇地发现自己果真不再抑郁不振了。

其实，这里弗雷德就用了心理学的一个原理："装作拥有某种乐观的心情"，它往往能帮助人们真的获得这种快乐的感觉，并有助于我们在困境中建立自信心，在不如意时尽快转移消极情绪。

让我们试着在课堂上对同学们微笑，在办公室对同事们微笑，在课余时间和同学们一起大笑，先让自己笑起来，然后，你会发现，你的生活也"笑"起来了。

（郭　佳）

当身体敲响警钟，该如何学会放下？——让灵魂赶上身体

● 有一个探险家到南美的丛林中寻找古印加帝国文明的遗迹，他雇用了当地人作为向导及挑夫，他们脚力过人，尽管背负着笨重的行李，仍是健步如飞。探险家虽然体力跟不上，但心里是很开心的：按照这样的速度，很快就可以到达目的地。

到了第四天，探险家早早醒来，打点行李，准备上路，不料土著们拒绝行动，这令探险家很是摸不着头脑。经过沟通才明白，土著们在赶路的时候拼命向前冲，但是每走上三天，便需要休息一天，为让灵魂能够追得上疲惫的肉体。

教师作为人类灵魂的工程师，或许，辛苦而繁重的工作也会让灵魂与身体失散，也许，是时候停下来等一等了，让灵魂赶上疲惫的身体，也让身体重新充满力量。

理论对话

假如我们经常抽出时间倾听，我们会发现身体经常在和我们说话。我们身上的每一个细胞都会对我们头脑里的所思所念、对我们说的每一句话做出反应。我们不间断的思维模式决定了我们身体的动作和体态，从而决定了我们的身体是否健康。怨恨、批评、内疚、恐惧，是我们生活中最坏的四种习惯，这四种习惯造成了我们身体上和生活中的主要问题。长时间的怨恨会吞噬我们的身体，可能导致“癌症”；把批评作为日常习惯的人常常会患关节炎；内疚的人总

是期待着被惩罚，惩罚会导致疼痛；恐惧产生紧张，会导致脱发、溃疡甚至心绞痛。[①]

传统的生物医学认为生物学指标是决定疾病的最终标准。但它会导致目前的矛盾：某些人经实验室检查是阳性，需要治疗，而事实上他们感觉很好；而一些感觉有病的人经检查却没有病。因此，美国罗彻斯特大学医学院精神病学和内科教授恩格尔（O. L. Engel）提出了一个新的医学模式，即生物—心理—社会医学模式。

生物—心理—社会医学模式的提出是以人类的疾病谱和健康观念的变化为依据的。这一模式认为导致人类疾病的不只是生物因素，而且还有社会因素和心理因素，因而治疗方法除了传统的生物学方法以外，还应当包括社会科学法和心理学方法。生物—心理—社会医学模式的研究对象不仅是自然的人，还要研究人的状态和人所处的环境。医学必须建立在人与其生存环境的和谐适应的基础上，改善人的生存状态，而不仅仅是简单的治病、防病和促进健康。[②]

很多教师由于课程紧张和教学压力大，开始养成不良的生活习惯：不吃早餐、饮食不规律、熬夜，导致睡眠质量下降，加上平时体育锻炼少，尤其是中小学教师几乎从不参加体育活动，因此，心理压力与紧张的情绪不能得到有效的调节，长年累月，疾病便会自动“找上门”。

面对教师们的各种职业病，很多时候我们只考虑其自身的身体素质以及所处的工作环境，而忽视了对其心灵世界的关注。人们往往错误地认为疾病只能靠生物学方法来治疗。美国著名的心理咨询专家露易丝·海（Louise Hay）揭示了追求身心和谐的心理模式，认为每个人都有能力采取积极的思维方式，实现身体、精神和心灵的整体健康。她曾在自己身上实践整体康复的思想，在治疗身体的同时治愈自己的心灵，六个月后成功地摆脱了癌症，完全康复。

---

① [美]露易丝·海：《生命的重建》，中国宇航出版社，2008年版。

② [美]恩格尔（O. L. Engel）：《需要新的医学模式：对生物医学的挑战》，载《科学》杂志，1977年。

案例展示

王老师是某学校的数学教师，他给自己的一天做了一个总结：白天检查、上课听课、批改作业、学生谈话、大小测验、晚上备课。除此以外，还得应付各种检查评比，还要参加各种培训：普通话、计算机、职称晋级、上岗培训、新课程培训等，每一项都要过关。常有老师抱怨："我们的压力一点没有少过学生啊！"

王老师今天早晨6点半便匆匆起床，为的是赶到学校来检查监督学生们的早自习。结束早自习后，他正准备去食堂吃点早餐，这时候几个学生过来开始提问，面对学生们困惑的眼神，他只能一一耐心讲解。

上课铃响了，王老师赶紧走上讲台。又是一节有难度的课，现在的测试题越来越难，老师们都有些招架不住了。王老师努力打起精神来，声情并茂地去给学生们讲解，时时刻刻注意着学生们的反应，怕学生们不注意听讲，怕自己讲不明白。就这样，在紧张与担心中结束了上午的课。

下午最后一节课结束后是批改作业的时间。一共4个班，200多份作业，王老师一改就改到放学。能不能偷点懒？不能，你今天不好好给同学们批改写反馈，明天学生们就不认真完成作业，后天测试就要亮红灯！所以，每一份作业都不能怠慢。王老师就这样经常整整一下午都是一个姿势坐着，结果就是患上严重的颈椎病。

已经是深夜12点了，王老师还在伏案学习，教学自动化逼得他不得不参加计算机培训，不然就要被淘汰。

现在的王老师睡眠时间越来越少、睡眠质量下降，已经患上了神经衰弱，而且脱发情况也日益严重，他苦笑道："头发越来越少，就快成'地中海'了。"

问题解析

据有关调查称，心血管疾病、颈椎病和胃病在教师中属于高发疾病，而女性教师患乳腺疾病的也不是少数。高血压和心脏病是老师最容易得的心血管系统疾病，老师属于脑力活动者，过多的脑力活动和过少的身体活动造成严重的不平衡，教学任务和升学率的压力都为老师患病留下隐患。教师还是颈椎病的“大户”，长时间的伏案工作和固定姿势的黑板写字，都使得教师的脊柱疲劳远远重于常人，病变几率也比一般人大得多，头痛、头晕和视线模糊都是这个病的表现。吃饭、睡眠不规律导致教师得胃病的几率也相当高，而紧张的情绪更是成为胃病恶化的头号隐患。

那么对于这些看似是由于工作性质导致的疾病，我们应该怎样从心理的层面来解读呢？大家仔细回忆一下自己的经历，是不是在压力大的时候容易出现身体不适？是不是在有太多事情发生、思想混乱不清的时候容易患伤风感冒？是不是在愤怒和想不开的时候容易便秘？我们的身体和灵魂是一体的，当灵魂遇到问题，身体便以它的方式来表达。同样，当身体有了问题，我们的灵魂也会受到牵连，当你躺在病床上的时候，就会失去平日轻松的心情。所以，我们身体的疾病其实也是心灵的疾病，在生物基础上治疗的同时，从心理层面矫正也是必不可少的。每当我们面对疾病的时候，应该把它当做一次机会，一次与身体交流的机会，让我们一起来满怀爱心地倾听身体的信息吧。

首先，让我们先来了解一下王老师的脱发问题。头发代表了力量，每当我们紧张和害怕的时候，有股力量会从肩膀肌肉处开始向上冲，直到头顶。大家在紧张恐惧的时候是不是感觉我们的头发会从发根处立起？这是由于头皮的紧张造成的，当头皮紧张的时候，毛孔会被压迫得很紧，使头发因无法获得营养而脱落。如果这种紧张仍在继续，头皮得不到休息，那么毛囊仍然会收缩得很紧，新的头发就无法长出，其结果就是导致秃顶。

然后，让我们看看颈椎病所对应的心理问题。颈部代表我们思维的灵活程度，以及从另一面看问题和从他人角度看问题的能力。当我们的颈部出现问题时，通常意味着我们对于环境有某些顽固的观念。在当今教育体制下，升学率依然是被学生家长所重视的，因此，很多教师也不得不把关注点放在学生的分数上，以至于在教学中观念古板，不接受新思想、新观点，总是认为优秀的标准只有一种。这种不变通的思想无疑便会导致颈部的僵硬。

还有就是胃病的问题，胃消化的过程对应着我们所有的新思想和新体验。当我们的胃出现问题时，通常意味着我们不知道如何吸收新体验，我们很害怕。教师们在教学过程中，无疑总是遇到各种各样的新挑战，学校对教师的要求越来越高，学生们越来越有个性，面对这些新的变化，很多教师一时不能适应，甚至对此感到恐惧，这种由于不能适应而产生的恐惧感，便通过胃病的形式表达出来。

最后，让我们来看看心血管问题。心脏代表爱，血液代表快乐。我们的心脏很乐意把快乐送往身体的各个角落。当我们拒绝自己的爱与快乐时，心脏便枯萎了，变冷了。结果是，我们走向了贫血、心绞痛和心脏病。这并不是心脏病在攻击我们，而是我们经常忘记去注意生活中的小小欢乐，更多的时候我们被自己的悲观思维催眠了。中国有句古话叫严师出高徒，于是，有些教师们为了能培育出优秀的学生，不得不时时刻刻关注哪些学生违反纪律了、哪些学生成绩差了等等各种负面的信息，每天脑子里充斥的都是学生的问题，这些问题有时候多得让教师们寝食难安，以至于心脏逐渐陷入疼痛之中，所有快乐都被淹没了。心脏病只攻击那些从来不快乐的人们。如果这些教师不拿出时间来感谢生活中的快乐，那么他们将很快为自己制造出另一次“心脏病发作”。

温馨建议

1. 聆听身体的声音

首先，来做一个深呼吸，在你呼气时，让你的身体放松。随着继续深呼吸，放松你的头皮、前额和脸部肌肉，然后放松你的背部、腰腹部和骨盆，接下来放松你的腿和脚，让你的身体从头到脚都放松下来。

在呼吸的过程中，对自己说：“我愿意放松，我放松了。我释放出所有的紧张，我释放出所有的恐惧，我释放出所有的内疚，我释放出所有的悲哀，我扔掉所有限制性思维。我放松了，我平静了，我平静地面对生活，我是安全的。”

这时候，去感受你的身体，感觉你的身体哪里是紧的，哪里的感觉与别的地方不一样，似乎这个地方松不下来。找到这个地方，然后继续深呼吸，把新鲜的空气吸入这个紧张的部位，感受这个部位的变化。感受那个紧张的结一会变大一会变小，然后接受它，而不是消除它。

这个练习可以每天做一次，多次练习后，你身体的不适会自行缓解，你的身体会变得轻松，充满活力。

2. 充满爱的誓言

以下这段话，建议大家每天读一遍，或把它录下来，每天听一遍，它会使你拥有更健康的身体，并获得更积极的思维方式：

在我广阔的人生中，一切都是完美、完整和完全的。我相信有一种强大的力量，每天、每时、每刻从我身体流过。我打开自己让智慧进来，我知道大千世界存在一种智慧。在这智慧里面有所有的答案，所有的解决方案，所有的康复方法，所有的新创造。我相信这种力量和智慧，我需要的一切都会到来，在正确的时间、地点，按照正确的顺序。我的身体是我的好朋友，我身体的每一个细胞都充满神圣的智慧，我倾听身体的声音，我知道它的忠告都是正确的，我永远是安全的，有一股神圣的力量在保护着我、指导着我。我选择做健康和自由的人，我的世界里一切都好。

你可以根据你的具体情况在里面加入属于你自己的誓言，例如，你是颈椎病的受害者，那你可以在原文中加入这样的誓言："我能够接受各种新观念，我知道对事情的看法、解释永远是多种多样的，我能够换角度审视问题，我思维方式会越来越灵活，我的颈椎也会越来越灵活，越来越健康。"

（郭　佳）

边走边问：成就感在哪儿？——人生的减法

● 2009年9月10日，第25个教师节，《海峡都市报》联合"新浪教育频道"推出了"教师幸福感"特别调查，在调查中，71.1%的老师和51.7%的公众认为，教师是一个很累并且没有成就感的职业，仅13.2%的教师的职业幸福感较高。

是什么造成了老师们的职业热情消退？他们为什么缺乏成就感？

理论对话

一个人的成就是自己做出来的，成就感也是自己的内心体验，指一个人做完一件事情或者做一件事情时，为自己所做的事情感到愉快或成功的感觉。从心理学角度来说，当个体在某种活动中感受到愉快、成功时，便会对该项活动产生兴趣，进而以更高的热情投入到活动中去。可以这样理解，当个体在某种活动中体验到成就感后，就会对这项活动产生兴趣，反之，则会失去对该项活动的兴趣。

低成就感，指个体自我评价的意义与价值的倾向降低，认为自己不能有效地胜任工作。由于教师对工作失去了兴趣与热情，他们已经逐渐感觉自己的工作没有意义，即使做了，对学生或同事的学习和工作也不会有多大帮助，因而对待周围人和事逐渐冷漠。加上教师职业给他们所带来的金钱、地位以及社会认可等回报少之又少，很多教师就产生了强烈的自卑感，并倾向于自我贬损。一段时间后，教师会发现实际工作状态与原本的自我期望水平存在很大差距，因而自我成就感降低，从而大大降低教师工作的驱动力。

一个教师总是在付出对他人的爱，而收获的关爱很少，这种情感的付出与收获不成比例。在社会挑剔的眼光之下，最近几年，大多数的中小学教师已对社会舆论和家长的不信任看得越来越淡薄了。不是教师不在乎个人的形象了，而是没有更多的精力来表白自己，没有更多的语言来为自己制造一个美丽的光环。教师更愿意做一个默默无闻的普通人，但是整个社会对教育的关注程度越来越高，对教师的要求也越来越高，教师无力应对来自各方面的批评议论，成就感只限于考试成绩的高低、学生对教师的态度、各项评比的结果等很有限的范围，这样势必造成大多数教师没有更多的成就感，情绪一落再落，心情疲惫到了不能自救的地步，甚至在家庭和学校内都容易出现人际关系危机，也给别人造成很大的心理压力。

案例展示

谁偷走了教师的幸福？

“想起学生就觉得头疼！”某小学的一间教师休息室，小李老师的这句话引起了同事们的共鸣，也打开了大家的话匣子。青年教师诉说工作压力大，老教师也感慨现在的学生越来越不好教了。

“教师被社会赋予了重任，不但教书育人，更应是全社会学习和效仿的榜样，没有谁会要求医生、律师、售货员等角色成为社会的榜样，但教师却被明确地要求着，‘学为人师，行为世范’这八个字几乎把教师定位为‘圣贤’，对教师产生巨大的约束力。教师也是有血有肉的凡人，有个性，也有喜怒哀乐，有七情六欲。然而社会却一再把责任全部推向教师，学生成绩不好，是老师的问题；学生品行不端，是老师没教育好；学生磕着碰着，也是老师的责任。实行素质教育少留作业，有人怪你耽误了学生；补课多留作业，又有人说你加重学生负担。”小李笑着说，“老师就是猪八戒照镜子，里外不是人。”

小李说，自己身兼多职，既是“消防队长”又是“派出所长”，既是“领导”又是“保姆”，讲得口干舌燥，累得腰酸背痛，一天到晚疲于奔命，有时还要面对学生和家长的无理取闹，更还有沉重的心理负担，白天的工作时常会延续，紧张状态是全天候的，这让她感觉身心俱疲。小李说，这种压力看不见，摸不着，但自己又说不得。因为，你一说累，就会有许多人反驳，农民会说，你能比我们挖土挥汗辛苦？工人会说，你能比我们机器隆隆辛苦？商人会说，你能比我们风险奔波辛苦？有苦不能说，只能埋在心中。再加上学生接受信息的渠道多而杂，尽管自己做了很多努力，却时常得不到学校和家长的肯定，在“教不严，师之惰”的重压之下，教师的成就感必然一点点流失，职业热情慢慢消退。社会给教师戴上了太多的高帽子，什么“人类灵魂的工程师”啊，“辛勤的园丁”啊，“吐丝的春蚕”啦，“泪干的蜡烛”啊，等等，但是教师受到的精神待遇和物质待遇却并没有真正体现这种把教师捧上天的感觉，甚至听到更多的是对教师的不信任、对教师的挑剔、对教师的无奈等等。小李叹着气不无沧桑地说，暂且摘下这些美丽的高帽子吧。她开始觉得自己从事的是一种天底下最痛苦的职业，甚至表示如果有机会选择，下辈子再也不当教师了。

温馨建议

如何解决教师成就感降低这一问题呢？除了正确看待成就感外，学会人生的减法至关重要。

很多人的职业幸福指数都取决于成就感的高低。幸福虽然不会是从天上掉的馅饼，却可以从自己心底里找出来。对同一个事物，不同的人会有不同的主观认识，不同的主观认识会产生不同的情绪体验。在你的内心唤起的是幸福感还是痛苦感，全在于你对这件事情怎么看。成就和失败是相对的，都是对生活的一种感受，快乐不快乐全在于你有没有正确合理的思维方式。人们常常陷入思维误区，从而造成认知偏差，导致挫折与困扰，失去幸福和快乐，此所谓“作茧自缚”。教师只有凭借自己的力量打开心理枷锁，才能让心灵重见天日！

1. 正确看待成就感，摒弃不合理的比较方式

街头的乞丐一天讨到了 10 元钱，他可能就会很有成就感，而世界首富即使

一天赢利10万美元，他的成就感也不会太强烈。古人云："比上不足，比下有余，此最是寻乐之妙法也。将啼饥者比，则得饱者自乐；将号寒者比，则得暖者自乐；将劳役者比，则优闲者自乐；将疾病者比，则康健者自乐；将祸患者比，则平安者自乐；将死亡者比，则生存者自乐。"

苦恼之源常来自于不合理的比较方式：如果你报酬总爱与比自己多的人比，地位总爱与比自己高的人比，生活水平总爱横向比不爱纵向比，比上不足则越比越不足，越比越憋气，越比越不平，越比越悲观，越比越失望。

摆脱苦恼的灵丹妙药往往是合理的比较方式，比下有余则越比越有余：

当感到工资不如人家高的时候，与下岗工人相比；

当别人评到职称而你"屡战屡败"的时候，与大学毕业还找不到工作的年轻人相比；

……

这在心理学中称为"酸葡萄心理"，在鲁迅笔下叫做"阿Q精神"。我们曾经以为精神胜利法是自欺欺人，其实从心理卫生学的角度看，它使人通过有意识的自我调节，在不幸的处境下求得心理平衡，获得愉快幸福的主观体验，这有利于身心健康。

吃不到葡萄就说葡萄酸的狐狸是潇洒的，吃不到葡萄还说葡萄甜的狐狸是苦闷的；阿Q生活在社会最底层，谁都可以欺侮他，要不是他无师自通地学会了一套精神胜利法，说不定在被砍头之前早就精神崩溃了！所以当我们看到世上不如意事十之八九的时候，用一用这种方法未尝不可。① 人生在世，短短几十年，不论你是叱咤政坛、扬帆商海，还是耕耘农田、教书育人，适当地定位，总能找到成就感。

2. 战胜恶劣情绪，凡事看到好的一面

每个人都会有情绪不好的时候，但如果总是不善于调节，就会失去生活和工作的乐趣。"天下本无事，庸人自扰之。"

研究表明，人一旦陷入了情绪恶性循环，恶劣的情绪就会笼罩他的整个生

① 方方：《握住快乐的金钥匙——合理认知与教师心理健康》，载《教师博览》2005年第2期。

活。但若凡事看到好的一面，往好处想，心情自然就不一样了。

遇事不要过于敏感，不要把简单问题复杂化，细小问题扩大化，个别问题普遍化。要有广阔的胸襟和洒脱的人生态度，待人处世豁达大度一点，遇到不愉快的事情要冷静，对事态加以重新估计，不要只看到坏的一面。比如遇到学生的顶撞，可以提醒自己说孩子有个性，现在社会需要这样的个性；遇到家长的不理解，不妨想，问题能摆在桌面上，总是可以解决的，暂时抛开，先去饭馆美餐一顿或去逛商店购物；考虑一下今后怎样避免发生类似的问题；把自己当前的处境和过去比较一下，尽量找出胜过过去的地方；等等。当教师用积极的心态看学校、看学生、看生活、看世界，那么，教师就会对周围的世界常常保持新鲜感，单调重复的工作和生活就会变得丰富多彩起来。那么，对教师来说，每一天都会像节日那么欢乐，每一个学生都会像自己的孩子那样可爱，每一个同事都会像亲人一样亲切。在快乐中工作，自然会体验到巨大的成就感。工作不应该让教师"难受"，而应该远离"忍受"，走出"接受"，走进"享受"。

3. 接受不完美的事实，懂得放弃也是一种智慧

智者曰：两弊相衡取其轻，两利相权取其重。懂得放弃，才能在有限的生命里活得充实、饱满、旺盛。"小舍小得，大舍大得，不舍不得"，这是人生的智慧。想得到野花的清香，必须放弃城市的舒适；要想得到永久的掌声，必须放弃眼前的虚荣。放弃了蔷薇，还有玫瑰；放弃了小溪，还有大海；放弃了一棵树，还有整个森林；放弃了驰骋原野的不羁，还有策马徐行的自得。人生就是选择，而放弃正是一门选择的艺术，是人生的必修课。没有果敢的放弃，就没有辉煌的选择。只有学会放弃，才能使自己更宽容、更睿智。放弃是一种拾阶而上的从容、闲庭信步的淡然。放得下，才能走得远！有所放弃，才能有所追求。什么也不愿放弃的人，反而会失去最珍贵的东西。不必苛求自己，不必事事要求尽善尽美，即使不能减负，也可以减压。降低标准，放宽要求，适当放弃，这都是减压的重要方式和渠道。聪明的放弃，其实就是经营人生的一种策略，也是人生的一种大智慧。

年轻人初入职时，需要开课、进修、培训等等，往往事情一件接着一件，或者

干脆几件事凑到一块儿，让人不知该忙哪样，不懂协调就会平均发力，结果是事事都不成。与其如此，倒不如开始就加以选择，有所取舍，有所侧重，亦或按事件的重要程度分等级，等级最重要的最先做。

4. 学会小技巧，每天成就一点点

(1) 在接受任何新工作前，都考虑一下担任该项工作所需承受的压力，并依据自己的实际能力逐渐增加你每天的工作量及复杂程度，由简单到复杂，逐渐增加自己的成就感。

(2) 注重自己工作的价值，在前一天晚上整理好写字桌，使你能轻松开始一天的工作。

(3) 每工作一个小时，休息 5 分钟；每完成一件工作“勾”去一件，看着要做的事一件件地减少是非常有成就感的。

(4) 如果某些人或是环境使你做不愿做的事，那就避开这些人或环境。如果有人需要你帮助，可以在自己有时间的情况下尽力去帮他，那也会产生一种成就感。如果你正受到压力无法提供帮助，对他以真言相告。

(5) 找到志同道合的同事，和他们一起工作，并和他们探讨自己的工作，让他们给你鼓励，以此来增加你的成就感。

(6) 最好不要急切地、过多地表现自己。

其实，我们每个教师也完全可以过一种幸福完整的教育生活。本来我们都是白天鹅，但由于我们做惯了丑小鸭，已经不相信自己还能够飞翔；本来我们都是千里马，但由于长期习惯于拉磨，不相信自己还能奔跑起来。教师的成长最重要的是行动和坚持。一个像渴望呼吸一样渴望发展自己的人，没有什么能阻挡得了他。

（张红燕）

当“职业倦怠”来敲门——另一种成长的契机

● 你可能每天努力工作，投入了大量的时间和精力，但学生还是不会自己解决问题，还是只会依赖教师给予的“鱼”，而不会自己“打渔”，于是，你产生了强烈的“无意义感”。

● 你往往要在制度要求与学生需求之间作痛苦的抉择，因为得不到足够的支持而处于紧张状态，从而导致一种“无标准感”。

● 面对中小学僵化的行政体制和民主空气不够的现状，你可能会认为自己不过是寄人篱下、被人统治的“小卒”，产生了“无权感”。

● 你也可能开始感到学校领导和同事都没在意你和你的工作，感觉到了学生的拒绝，一种“隔离感”与日俱增。

所有这些感受的背后都有一个共同的名字：职业倦怠。

理论对话

“职业倦怠”又称“职业枯竭”，是一种由工作引发的心理枯竭现象，是上班族在工作的重压之下所体验到的身心俱疲、能量被耗尽的感觉。一个人长期从事某种职业，在日复一日重复机械的作业中，渐渐会产生一种疲惫、困乏，甚至厌倦的心理，在工作中难以提起兴致，打不起精神，只是这和肉体的疲倦劳累是不一样的，是缘自心理的疲乏。因此，加拿大著名心理大师克丽丝汀·马斯勒将职业倦怠症患者称为“企业睡人”。据调查，人们产生职业倦怠的时间越来越短，有的人甚至工作半年到 8 个月就开始厌倦工作。

教师职业倦怠，是指教师在长期、连续和过度的压力影响下，难以获取足够的缓冲资源，而产生的教师职业的理想与信念迷失、教书育人的价值感和满足感匮乏、师生教学交往的热情与兴趣枯竭，以及教育教学手段和方法的简单粗暴等一系列不良反应①。当教师面对繁重的工作和难以排遣的生活压力，自身许多需求又得不到满足，就会产生失落情绪，继而产生对教育的失望，这时教师可能会降低自己对理想的追求，转身开始“应付”工作，依仗着一种惯性来工作以寻求“实惠”来达到自我保护。

案例展示

教师是个逼着你重复自己的职业

调查显示，48.84%的人认为教师最缺乏发展空间。M 今年 30 多岁，是一名中学教师，当着一个重点高中毕业班的班主任，同时还教了两个班的语文课。按说这应该是个令人羡慕的工作：论地位，教书育人是份体面稳定的工作；论收入，她每月能拿到 5 000 元左右，应该算比较殷实了；论强度，每周 14 个课时，其他时间除了备课、改作业之外，还有不少空闲时间能自由支配。此外，每年雷打不动的寒暑两个大假，更不知让多少人羡慕得眼睛发红。可她自己并不这么觉得。“上课讲的一些东西，尤其是阅读理解，那些选项连我自己都觉得可笑，还必须得给学生们讲，不然考试就丢分。”她苦笑着摇摇头，“其实讲了也用处不大。”

文科生最讲究的就是广泛阅读，一直以来，每隔一段时间，M 就会给学生们列出个书单，上面都是她推荐给大家的好书。从接手这个班算起已经两年半了，对班上的绝大多数学生来说，这几乎成了“不可能完成的任务”。“不能怪他们，他们把所有的时间都用来对付考试了。学生会在我的课堂上做数学题。”

① 陈明立：《教师职业倦怠的组织管理学分析》，载《教学与管理（理论版）》2007 年第 3 期。

至于她自己，M 已经看到了一连串异常清晰的前人踩出的“脚印”：年轻教师、教学骨干、教研组长、年级主任、教务处主任……如果运气足够好的话，没准儿还能当上校长。

“对我来说只有年头是否熬到了，谈不上什么发展空间。”她说，做老师是一个不断往外“掏”的过程，可每次“掏”的都一样，重复的次数多了，就会越来越“熟练”。“这个职业不会逼着你想主动学什么新东西，就算是学了也没什么太大用。高考在那儿压着，哪个老师能搞‘自选动作’呀？总之，这是个重复自己的职业。”①

温馨建议

教师一生会经历八个阶段：职前期、职业初期、能力建构期、热情与成长期、职业挫折期、职业稳定期、职业消退期、职业离岗期。新手教师在五六年后会进入职业挫折期，这一阶段的特征是感到挫折和幻灭，工作满足感变弱，此时也会感受到强烈的职业倦怠感。年轻教师会感觉到自己对日复一日的教学事务没有乐趣，对所教的大部分内容不再感到舒适，没有新鲜感，与同事相处的乐趣也在减少。四五十岁的中年教师虽然进入职业稳定期，但依然会产生职业倦怠感，这个时期他们既感到自己已经过了求变、跳槽的年龄，也感到自己再努力也很难在业务和晋升上有多大前进余地，处于一种不上不下、不尴不尬的境地。

职业倦怠是一种现实存在，各行各业概莫能外，但是教师的倦怠尤其可怕，因为他的受众非常特殊——没有教师的幸福，学生是很难快乐的。教师在燃烧自己的同时也要照亮自己。多数人在经历枯竭期的时候，往往浑然不觉，忽略自身发出的警示信号，直到身心无法负荷，引发各种疾病。事实上，枯竭就是以最强烈的手段来提醒你要放慢脚步、体验生活，思考如何去改变这种状态。面对职业倦怠和职业枯竭的潜在威胁，以积极的心态面对，就可以将职业枯竭的危机转

① 2006 年 4 月 12 日《中国青年报》。

化为重新认识自己的契机。当遭遇“职业倦怠”,你该如何摆脱它?

1. 关注工作的兴奋点,享受工作的乐趣

尽管每天从事的是同一种工作,然而教学本身就是极具创造性和艺术性的,不仅教学内容和方法是动态的,而且所面对的学生又是有血有肉有情感的,在这充满活力的教学环境中,每一天都不可能是单一重复的。因此,教师可以尝试发现新的兴奋点,发现动态变化、生动活泼的一面,以此来刺激自己的精神,唤起自己的情趣和热情。

教师的快乐在哪里?就在所谓单调重复的生活中,就在所谓平淡无奇的日子里。假如我们能用积极乐观的态度看学校、看学生、看生活、看世界,那么,我们就会对周围的世界常常保持新鲜感,我们就会使单调重复的工作和生活变得丰富多彩,我们就会把平常无奇的日子过得有滋有味。那么,对我们来说,每一次日出都会像第一次看见那样美妙,每一朵花儿都会像玫瑰花那样温馨,每一节课都会像毕业实习课那样新鲜,每一个学生都会像小天使那样可爱。

请试试:把每一个教案当作一首散文诗来写,把每一次晨间谈话当作一次讲演来做,把每一节课当作一台精彩的节目来演……

假如没当过班主任,主动要求当一次试试,你当然得准备吃苦受累,但是在与学生的友好交往中,你能获得许多以往所享受不到的纯洁高尚的人间真情。

假如没上过公开课,争取上堂观摩课试试!在准备过程中你也许会紧张忙碌,也可能会产生一些小应激,但是却能让你感受到一种前所未有的探索的喜悦!

假如没做过教育科研,申报一个课题试试!教育科研是复杂的、辛苦的,是需要奉献精神和创造激情的。可是饱尝了创造的艰辛之后,当你在教育科研领域大声发出自己的声音时,这种成功的喜悦是任何世俗的名利地位和物质享受都无法比拟的。它会让你真正感受到自己是有价值的、优秀的、独一无二的,这种自我实现需要的满足就像一捧心理健康的甘露,丝丝滋润你的心田。

教师劳动是一种充满生命涌动的、高度创造性的劳动,这样的一种高尚的劳动没有理由不使我们的人生充满意义！①

2. 善于正面思考，懂得及时倾诉

学会欣赏自己，善待自己。遇到挫折时，要善于正面思考，“塞翁失马，焉知非福”，适时自我安慰，千万不要过度否定自己。把工作难关当作挑战，不轻视自己，多自我鼓励。不懂就问，或寻求外援，唯有实际解决困难，才不会累积压力。“加油，我一定办得到”跟“唉，我只要不被领导说就好”的两种心情下做出的工作绩效绝对不同，正面思考并非天生本能，可经过后天练习养成。教师在受到压力威胁时，不妨与家人或亲友同事一起讨论目前压力的情境，把自己心理的症结点说出来，不要闷在心中，倾听者不一定能帮你解套，但这是抒发情绪最有效的方法，很多抑郁症患者是因碰到困难不肯跟旁人说，自己闷头默默地做事，最后才闷出抑郁症。需要某些实际的帮助时，不妨求助于领导和同事。另外，一些消极情感如愤怒、恐惧、挫折等也应及时倾吐，以得到某种发泄，这对舒缓压力和紧张的情绪是非常必要的。

3. 乐观豁达，善于奖励自己

保持乐观的工作态度，就是要学会称赞自己、奖励自己，要多关注自己成功的点点滴滴，哪怕是一丁点的成绩，也要积极地进行自我肯定。为自己喝彩，你就会发现每天的你都是全新的，这样你就会增强工作的效能感。有了工作的效能感，无异于给自己工作的汽车加了油，就不至于熄火而抛锚了。自己是应该获得奖励的，自己是可以得到奖励的，这是一种积极的心理暗示，它可以激起自己昂扬的生活热情。从一定意义上讲，人是为了肯定而活着，有外在的肯定——来自同事、朋友、领导、社会等，这种肯定是有限而短暂的，因而是浅层的；有内在的肯定，即自我肯定，这是一种持久而强劲的肯定，是人的生命永不枯竭的动力，因此它是一种根本的生命元素。

4. 尝试创新，努力创造自己的风格

失去自我的工作容易让人产生厌倦感。一些教师在长期的教育工作中，一

① 方方：《握住快乐的金钥匙——合理认知与教师心理健康》，载《教师博览》2005 年第 2 期。

心一意创造着学生，常常在教书育人的过程中，迷失或淹没了自我，工作的结果，除了学生，自己什么也没有。因此，教师在创造学生的时候，也应该注意创造自我，比如形成自己独特的教学风格、探索归纳出独到的教育模式、研究创造出独具个性的理论成果等，努力成为教育家。这样，自己就会大大增强事业的成就感和魅力感。当教师感觉职业平庸时，是因为自己没有丰富它的价值。一般地说，可以采取价值添加法：对于教师职业，除了将之视为谋生的手段以外，还可以加上教学中的游戏价值、情感价值、回归价值（在与学生的交往过程中，使自己回归童年、回归学生时代，永葆童心）等；也可以采取价值提升法：将职业提升为事业，甚至科学。当职业成为一个人研究的对象时，那就会产生无穷的乐趣，其自我人生价值也会大大提高，那么短暂的职业倦怠很有可能成为另一个成长的契机。

5. 重视休息，学会休闲

丰富的文化生活可以极大地改善一个人的心态，调节一个人的情绪。无论工作多么忙，都应该忙里偷闲，参与一些有益身心健康的活动，在多彩的生活中培养自己的生活情趣，增强自己的生活乐趣。生活的情趣可以对职业心理产生积极的影响。忙者，心亡也，太忙则心死。爱因斯坦曾指出：负担过重必然导致肤浅。

当压力事件不断出现时，持续数分钟的放松往往比一小时睡眠的效果还好。在职场上学习让自己喘口气也是一门学问。适时适当的休假，让身心恢复，也可藉此机会思考然后再重新出发。只要能暂时放空自己，都可以为接下来的战役充电、补元气。如果短期之内没有休假的机会，适时运动，这也是减压的一种绝佳方法，运动能让体内血清素增加，不仅助眠，也易引发好心情，进行适度的、有节奏的锻炼，持续 5 到 30 分钟，就能够换来舒畅而平稳的心情。如果长期坚持下去，能够有效地降低焦虑和抑郁感。

除此之外，散步、洗热水澡、听音乐等也十分有效。另外，教师还可以学习一些应付压力的放松训练技术，如深呼吸、肌肉放松等。

职业枯竭并不是世界的尽头，只是人生的交叉路口，只要积极改变自己，充实自己，早做准备，不断充实自己的库存能量，完全可以从职业枯竭的状态中复原过来，并提高自己应对压力的能力。应该乐观地看到教师职业的优势，让我们在试着改变那些不合理现实的同时，也试图改变一下我们的心态，从而唤醒我们职业的内在尊严和生命热情。如果可以做到善用教师职业优势，达到自我与职业的和谐统一，无疑可以有效地减轻各种各样的压力，更多地享受人生乐趣，创造辉煌的人生价值。

心理测试

教师职业倦怠的自我诊断①

以下这种情况是否经常在你的工作中出现？请根据自己的实际情况填写问卷。

1. 即便夜里睡得很好，你第二天上班的时候还是会感到困倦。
2. 你总会为小事感到发愁，而在过去你很少会这样。
3. 你总是一边工作，一边看时间，心里想着早点下班。
4. 你认为自己是个完美主义者。
5. 你不认为自己当前正在做的工作有意义。
6. 你会忘记被分配给自己的任务、自己的约会，有时甚至会忘记自己的私人贵重物品。
7. 你认为自己在工作中属于被忽略的角色，你的努力并没有受到重视。
8. 你经常会感到头疼、身体痛，或者是感冒。
9. 你工作比以前更努力，可取得的成就却比以前少。
10. 你通过做白日梦、看电视或者阅读与工作无关的读物等方式来逃避工作压力。
11. 在工作中遇到问题时，你没有可信赖的人值得倾诉。
12. 你更喜欢一个人待着，不愿意跟同事多交流。
13. 你在自己的工作当中感觉不到挑战和新意。
14. 你对自己的工作和生活毫无控制感。
15. 你经常在下班之后想着工作上的事情。

① 刘祥亚编著：《职业倦怠自治手册》，石油工业出版社，2005年版，第127～128页。

16. 你对自己的同事没有好感。

17. 在工作方面，你感觉自己像是掉进了一个陷阱。

18. 你没有时间去做自己喜欢做的事情。

19. 你在自己的工作中看不到有趣的事情。

20. 你经常通过请假或者是迟到等方式减少自己的工作时间。

评分方法：

1分　根本没有这种情况　2分　很少有这种情况

3分　有时会有这种情况　4分　很大程度上有这种情况

5分　完全符合

结果的解释：

25～35分　倦怠度很低　36～50分　倦怠度较低

51～70分　轻度倦怠　　71～90分　倦怠度高

90分以上　倦怠度过高

（张红燕）

参考文献

[1] [美]DAVID E S,JILL S S. 精神分析的伴侣治疗[M]. 徐建琴,等译. 北京:中国轻工业出版社,2011.

[2] [美]ROBERT L L. 认知治疗技术——从业者指南[M]. 张黎黎,等译. 北京:中国轻工业出版社,2005.

[3] [美]SALVADOR M. 回家——结构派大师说家庭治疗的故事[M]. 王行,等译. 台北:张老师文化事业股份有限公司,2001.

[4] [美]VIRGINIA S. 萨提尔的家族治疗模式[M]. 林沈明莹,等译. 台北:张老师文化事业股份有限公司,2003.

[5] [美]保罗·费里尼. 宽恕就是爱[M]. 周玲莹,若水,译. 北京:中国友谊出版公司,2009.

[6] [美]贝蒂·卡特,莫妮卡·麦戈德里克. 成长中的家庭:第 3 版[M]. 高隽,等译. 北京:世界图书出版公司,2007.

[7] 郭念锋. 心理咨询师(二级)[M]. 北京:民族出版社,2005.

[8] 李维榕. 为家庭疗伤[M]. 太原:希望出版社,2010.

[9] 李中莹. NLP 简快心理疗法[M]. 北京:世界图书出版公司,2003.

[10] 刘儒德. 教育中的心理效应[M]. 上海:华东师范大学出版社,2006.

[11] 刘勇. 教师团队心理辅导[M]. 北京:科学出版社,2008.

[12] [美]罗伯特·费尔德曼. 发展心理学:第 4 版[M]. 苏彦捷,等译. 北京:世界图书出版公司,2007.

[13] 许靖. 偏见心理学[M]. 北京:北京理工大学出版社,2010.

[14] 杨志良,边玉芳. 心理(初中学生用书)[M]. 上海:华东师范大学出版社,2004.

图书在版编目（CIP）数据

轻松做教师 ： 教师心理疏导实用手册 / 傅宏著. -- 南京 ： 江苏凤凰教育出版社, 2021.6
ISBN 978-7-5499-9434-2

Ⅰ. ①轻… Ⅱ. ①傅… Ⅲ. ①中小学－教师－心理健康－健康教育 Ⅳ. ①G443

中国版本图书馆CIP数据核字(2021)第138085号

书　　名　轻松做教师
——教师心理疏导实用手册
主　　编　傅　宏
责任编辑　沈静明
出版发行　江苏凤凰教育出版社(南京市湖南路1号A楼　邮编210009)
苏教网址　http://www.1088.com.cn
照　　排　南京前锦排版服务有限公司
印　　刷　江苏扬中印刷有限公司
厂　　址　扬中市大全路6号
开　　本　787 mm×1092 mm　1/16
印　　张　13
版　　次　2021年6月第1版
印　　次　2021年6月第1次印刷
书　　号　ISBN 978-7-5499-9434-2
定　　价　42.00元
网店地址　http://jsfhjycbs.tmall.com
公 众 号　苏教服务(微信号:jsfhjyfw)
邮购电话　025-85406265,025-85400774,短信 02585420909
盗版举报　025-83658579